深く「読む」技術

思考を鍛える文章教室

今野雅方

筑摩書房

目次

引用文中の〔　〕は、本書筆者による注・補遺です。
また、引用文中の傍点は、特に断りのないかぎり、本書筆者によるものです。

深く「読む」技術

思考を鍛える文章教室

はじめに

本書が生まれたきっかけは十数年前にさかのぼります。ミュンヘン大学の日本学科で前期課程一・二年の学生を指導していたときのことからお話ししましょう。

その仕事はドイツ人学生に日本語を基礎から教えることで、簡単に言えば語学教師の仕事です。こう言ってしまうと何のこともないように聞こえますが、実は外国語の習得には人としての自分の保ち方に直結する側面があり、これが意外に厄介です。

外国語の習得と自分の保ち方

前任者が春に帰国したため年度の後半から引き継いだ二年生の最初の授業で、まず「君たちは前の先生から一年半も日本語を学んで、教科書もほとんど終わっているのだから、日本語で話そう」と語ったところ、とたんに学生たちは自分の殻に閉じこもってしまい、頑として口を開かない。なぜ話さないのかと聞いても答えない。しばらくの沈黙のあとにある男子学生が答えた言葉がふるっています。自分たちはドイツ人だからドイツ語を話すと言うのです。日本の学生には予想もできない返答なので、そのときにはなるほどこれがドイツ人の反応なのかと妙な感心をしたものです。しかしこの返答は、実際には、日本語をうまく話せない自分の体面を保とうとする精一杯の虚勢だったのでしょう。

それからの一、二ヶ月、下手なドイツ語をあやつりながらの授業は喜劇もどきです。これはわからないだろうと思うと学生たちはわかっている。予想のはずれた私はびっくりする。わかっているだろうと思うとわからない。今度は学生がつらい顔をする。日本語で話すと何度も聞きかえす。あっけらかんと聞きかえす。このように滑稽な授業を繰りかえしていれば新任教師にたいする学生の警戒心もなくなってきますが、その頃です。人としての自分の保ち方に直結する側面が見えてきたのは。

自分の変化に気づかない学生

ドイツ語とは異質の言語である日本語を学んでいるうちに自分が変わってきていることに、学生たちが気づいていないのです。この変化に気づくにはそれなりの時間が必要なので、学びはじめてから二年に満たない彼らは仕方がないのかもしれません。しかし、学科に出入りする学生たちの様子を見ていると、上級の学年になるほど、この変化に気づいていない。上級にいけば、言葉ではなく文学や仏教思想を学んでいるのだから、もっと自分が変わっているはずなのに、それに気づかない。

何とも奇妙なので助手に理由を訊いてみると、「ドイツ人は一般に変わることを望まない」という返答が返ってきました。この返答も要領を得ない。しかしこれも、実際には、私の質問を非難と受けとった自己防御のなせるわざなのでしょう。自我の造りが固いと言われるドイツ人も、傷つきやすいことでは他と変わりがなく、自分の守り方が違うだけなのかもしれません。

それでも、ドイツ人が一般に変わることを望まないとしても、そしてその理由が本当のところ何であっても、学ぶことによって自分が変わることを自覚できないままでは、困ることが出てきます。感じ考える人間として生きている自分とは別のところに、それも学問や日本文化の名のもとに、頭だけで何やら得体の知れない領域をこしらえ、その領域で考える自分を本来の自分であると錯覚する危険があるからです。

統合されないふたりの自分

この錯覚は何とも奇妙なものに聞こえるかもしれません。しかしこの危険は、生活と直接の繋がりが見えにくい外国文化を研究する分野では日本でも普通に見られ、まぬがれがたいこともまた事実です。読まなければならない文献が山ほどあり、その山に埋もれていると、埋もれて格闘している自分を本来の自分と思ってしまいがちだからです。関心をもってはじめた勉強であるだけに自分のアイデンティティがかかってくるので、なおさらそう思いたくなります。しかし、そうではあっても、生活のなかで感じ考えてきた自分が完全にその人工的な自分に呑みこまれることはないので、結果的に自分のなかにふたりの自分が統合されないまま同居しているような状態になります。それも無自覚に。

では、学生が自分の変化に気づいたら、どうなるのでしょう。

無自覚な同居状態にあるふたりの自分を統合するきっかけが得られるはずです。大切なところですから、学生の状態をふくめて、もう少し詳しく話しましょう。

学生は――日本の学生と同じように――親の保護からはなれて自分の足で歩きはじめる、迷いと悩みの多い時期にあります。世の中のことも自分のこともまだよく知らないこの年齢期では、自分をもてあましたり、周囲への違和感に苦しんでも、変化しつつある自分をそれ以上は意識できないのが普通です。日本学を学ぶ学生になると、その変化にもうひとつ別の変化が加わります。日本語や日本文化に惹かれて学んでいるうちに自分のなかに生じる変化です。変化は二重になっているわけです。

成長にともなって生じる前者の変化は、世間のなかで年齢を重ねているうちに次第に見えてきます。しかし、そのときに見える自分は主に対人関係のなかで異質と意識された自分であり、自分がわかったわけではありません。他方、後者の変化は異質の言語と未知の価値観にふれて生まれるものです。この変化は私の授業にでていた学生の場合のように、変化している最中は見えにくく、当初は変化としても意識されません。それでも、この二重の変化がそれとして意識されるなら、大きな視野のなかで自他を相対化する眼が生まれ、自分を組織しなおす大切なきっかけが得られるはずです。

自分を組織しなおすには

ではどうすればその変化が意識され、自分を再組織する道筋が得られるのかということになってきますが、専攻として何を学んでも、机から離れたときに戻る先は、生身の自分です。ひとりの人間として感じ考える自分です。知りたい、わかりたい、という欲求が出てくるのも、この自分からです。それなら、生活体験も勉強の成果も、そのような自分に組みこまれるように蓄積すればよい。そしてそのときに自分を意識する機会を人為的につくればよい。具体的には、どのような文章を読むときにも、それをひとりの人間が書いた文章として受けとめ、文章をとおしてでなければ見えてこない著者の姿や現実が捉えられるよう、丹念に文章を読みながら、理解したことを自分で文章にする訓練を積めばよい。その文章には嫌でも自分があらわれ、自分を見つめることになるからである。検討のときに文章の内容を現実の事態として捉えれば、自分の現実理解も確認できる——このような原則が生まれてきます。

これは実はドイツへ行くまえに私が大学受験生に論文の指導をしていたときの原則でした。この訓練をすると間もなく、生徒は自分が文章の読み方を知らなかったことを痛感するようになります。訓練を続けるなら、その大切さも痛感するようになります。この訓練は心の動きに直結した読み方で、どこであろうとおこなわれて当然のものです。

大学ではできない訓練

ところが、ドイツでの二年間を終えて帰国し、論文の指導を再開した私は、昔の教え子に責められる羽目になりました。大学でも当然この訓練を続けられるだろうと予想していた彼らは、大学にその場を見つけることができない。それで私のところへやってきて、大学にも同じような授業はあるだろうと先生は言ったが、ちっとも見つからない。先生は嘘をついた云々となったわけです。非常に優秀な学生からも、学びたいことが学べない、一体あれが大学なのですか等々、いち早く大学は自分で勉強するところと心得て卒業した社会人からも、大学の四年間で何も学ばなかった、大学ではいったい何を教えられたのか等々、このような苦情を聞くことがまるで自分の仕事の一部になったようなものです。

日本の大学では学生に顔をむける教員がごく一部なので、進学直後に非常に多くの学生が、本当のところ何をしたかったのかわからなくなり、ゼミかサークルに属さなければ、大海に浮き輪ひとつで放り出されたような状態になります。彼らの苦情も無理はないのですが、当時の私はC型肝炎の悪化で動きがとれない。苦情にこたえられる態勢ができたのは、インターフェロンの投与で持病から回復した後に、友人やかつての生徒と語らってNPOを設立し、ゼミを開始してからのことです。

訓練の力

それから数年、あらためて感じることは、訓練の凄さです。特別に優れた能力をもった学生が参加しているわけでもなく、自分が何をしているかがわかるのに二年くらいかかることも珍しくはないのですが、それがわかったとき現実にたいする視野が大きくひらけ、文章の性質を見ぬく力や分析する力が飛躍的に向上するからです。文章を書くということが自分の頭を洗いざらい総点検することだということもわかってきます。

論文試験が大学院入試にまで広がっただけでなく、入社試験でも、社内での自己査定にも文章を書くことが求められるようになった今日、このような成果を他の人々が知らないのはもったいない。それで、考えるという行為がどのような営みなのか、それが生きるプロセスとどのように結びついているのか、その一端を明らかにできるようにと、本書を執筆することにした次第です。最初に私が原稿を書き、それを読んだNPOのスタッフと学生諸君がコメントをかえし、それを見て私が原稿を修正するという手順を何度も繰りかえした結果が本書で、これは文字通り合作です。

書きあげたものをあらためて眺めてみると、読む・書く・考える・わかる・自分に眼をむける・自分の既存の理解の枠組をこわしてそれを再構成する・新たに現実にむかう、という一連の過程が中心になっていて、まったく実践的なものになっています。「実践的」を英語になおすとpracticalになり、このpracticalをまた日本語にもどすと「実用的」になります。その意味では本書はまったく「実用的」な本であり、書名はこの点に着目して出版社がつけてくれたものです。文章が書けなくて困っている人、自分を組織することで手こずっている人、自分がわからなくなってしまった人、総じて自分を途上にある者と捉える人……、本書がそのような人たちの参考になることを希っています。

第一講　知識を理解に変える

(1)　百姓は農民か

「百姓」

かれこれもう半世紀近くも前のことです。高校の漢文の授業で「百姓」という言葉が出てきたとき、これは「ヒャクセイ」と読む、「農民」ではなく「もろもろの人々」のことである、という先生の説明に、なかなか納得できなかった憶えがあります。私の生まれ育ったところは街道ぞいに数十軒の家が建ちならぶ小さな集落で、そこで百姓《ひゃくしょう》と言えば農民を意味しており、役所勤めのかたわら農業をいとなんでいた祖父も周囲の農民も、何のこだわりもなく自分たちを百姓と呼んでいたからです。

生活環境がすっかり変わってしまった今日では、農業を身近に感じられる人も非常に少なくなったので、こうした百姓の意味や農村のことはピンとこないほうが普通かもしれません。それでも、説明された語義に納得しなかった心の動きのほうは、今でも誰もがよく経験することで、少しも古びていないでしょう。

あらためて当時をふりかえって、なぜあのとき納得しなかったのだろうかと自分なりに考えてみると、思い当たることがあります。おそらく、「百姓」は「もろもろの人々」であるという語義が単独の知識として頭に入っただけで、現実理解の一部にならず、心の底では相変わらず「百姓は農民だ」と考えていたのだろうと思います。

ところがあにはからんや、この「百姓」にふくまれる問題は、ただそう推測しただけで済むわけではなさそうです。それを教えてくれたのは、網野善彦著『続・日本の歴史をよみなおす』（一九九六年、ちくまプリマーブックス／『日本の歴史をよみなおす（全）』二〇〇五年、ちくま学芸文庫）です。第一章「日本の社会は農業社会か」の冒頭にある一節「百姓は農民か」の内容をかいつまんで記しますから、読んでみてください。

江戸時代までは農業社会か

――日本の社会は少なくとも江戸時代まで農業社会だった、という常識が非常にひろくゆき渡っている。しかしそれは実情とかなり異なる。私自身（つまり網野善彦が）、その違いを知ったのは七、八年ほど前のことだった。

この誤った常識がひろまった理由は、何よりも、支配者がほぼ一貫して「農は国の本《もと》」という姿勢を取りつづけたことにある。この姿勢は、水田のないところでも一定面積の水田をあたえ、水田を租税の基礎に国家をささえる制度をしいた律令国家から、商業の利潤まで米に換算して課税した近世の幕藩体制にいたるまで、変わりがない。その姿勢が社会にひろく定着したため、「百姓は農民」という意識が一般の人民にまで浸透した。

しかし、私の大学の研究所が奥能登の時国《ときくに》家を調査したところ（これが私の理解を改めるきっかけとなった調査であるが）、江戸時代に二百人ぐらいの下人をしたがえていたこの時国家は、北海道から京大坂にいたる廻船業をいとなむだけでなく、製塩・製炭・山林経営・金融業なども手がけていた。さらに、愕然とする事実まで出てきた。江戸時代、年貢の賦課される田畑をもっていない人は水呑《みずのみ》と呼ばれ、教科書ではこれを貧しい農民・小作人と説明するが、時国家に百両の貸し付けをする資力のあった廻船商人の柴草屋が、水呑とされている。柴草屋は土地をもてない貧しい農民ではなく、土地をもつ必要のない人だったのである――。

歴史の専門家にこのように説明してもらうと、私が小さいころから「百姓は農民」と考えていたことも当然だったことがわかります。しかし、それ以上に教わるところが大きいのは、もうひとつ同じような事例を紹介する、という断りがあってから紹介される百姓円次郎の話です。先生に「百姓」の語義を説明してもらった後でも、あいかわらず「百姓は農民だ」と考えていた理由を解くヒントが書いてあるからです。この部分はじっくり読む必要があるので、そっくり引用しましょう。（引用文中の小見出しは原文にありません。）

百姓円次郎の願書

二、三年前の調査のさい、町野川右岸の海辺の集落曽々木《そそぎ》の、百姓円次郎の願書ともいうべき文書が、上《かみ》時国家〔引用文の前に時国家は一六三四年に上・下両家に分かれたとある〕の襖《ふすま》の下張り文書の中から出てきました。この文書によると、円次郎の父親はもともと船商売を専業にしており、松前まで行くといって水手《か》《こ》たちと一緒に船に乗って出かけていったけれども、難船してしまったのか数年たっても帰ってこない。そのため、残された子どもの円次郎は、母親と幼い兄弟をかかえてたいへん苦しい生活を余儀無くされたのですが、とくに父親があちこちから借りた借金の取立てがそれに加わり、非常に困っていると文書には書かれています。

注目すべきはその借銭の貸主で、出羽庄内の越後屋長次郎、若狭小浜の紙屋長左衛門、能登輪島の板屋長兵衛などの問屋《とい や》をはじめ、同じ曾々木の三郎兵衛から円次郎の父親は多額の借金をしており、これによってこの人が日本海を手広く商売し、各地の問屋と取引をしていたことがよくわかるのですが、この借金をきびしく催促されると円次郎の生活が立ちゆかない。ようやく、蠟や油の商売などでその日暮しはできるようになったので、借金の返却は五十年賦にしてもらえないだろうか、と円次郎が代官に願い出たのがこの願書で、なかなかおもしろい内容の文書なのです。

これまで、曾々木はもっぱら塩をつくっているだけの、まことに貧しい村と考えられていたのですが、その百姓の一人が、北前船とまではいえないとしても、かなり大きな船で日本海の各地の港町で取引をし、松前まで行く廻船交易をやっていたことがこの文書でわかったのは、たいへん興味深いこととわれわれは思っておりました。

たまたまその夏に、新聞記者が、四、五人やってきました。そこで各社の記者が集まってきてくれたところで私がこの文書を紹介したわけです。ところが最初に記者たちから、なぜ「百姓」が松前まで行くようなことになったのですかという質問が出ました。「百姓」、つまり農民が松前に行ったのはなぜかという質問なのです。これにたいし、私は、この「百姓」は農民ではなく、文書にも書いてあるとおり船商売をやっている廻船人なのです、と説明したのですが、記者たちはなかなか納得しない。ではどうして船商売の人を百姓と表現するのかという疑問などがでてきて、私は二時間近い時間をかけて説明することになりました。

なかでも、北国《ほっこく》新聞の記者はたいへん熱心な方で、電話を何度もかけてこられ、細かく質問された上で、書かれた記事を読み上げ、これで正確ですかと確認してくださったので、たいへんいい記事ができたと思ったのです。ただ驚いたことに、「百姓」ということばはマスメディアではそのままでは使えない、一種の差別語の扱いをされていることをそのときはじめて知りました。

徒労に終わった説明

それはともあれ、おもしろい記事がでるだろうと、翌朝、楽しみにしていた新聞を見ましたら、なんと見出しには、「農民も船商売に進出」と書いてあるのです。二時間の悪戦苦闘、何回かの電話はほとんど徒労に終わってしまいました。もちろん記事はきわめてきちんと書いてあるのですが、デスクはやはりこれではわからないと判断したのだと思います。しかしこの見出しでは明らかに誤りになるので、せめて「『百姓』も船商売」と書いてくれればよかったと思ったのですけれど。

ほかの新聞は「能登のお百姓、日本海で活躍」、あるいは「江戸時代の奥能登の農家、海運業にも関与」という見出しでした。百姓イコール農民という思いこみがいかに根強いかということを、われわれは骨身にしみて実感しました。いちばんの傑作は、ベテランの記者が、「ああ、そういうのよくあるんですよね」とかいって、私の話を三十分ぐらい聞いただけで帰ったのですが、その人は、なんと、「曽々木で食いつめた農民円次郎が松前に出稼ぎに行った」と書いてしまった。私どもも大笑いをしたのですけれども、百姓は農民というイメージの根深い浸透が、こうした大変な間違いを多くの人たちにおかさせる結果になっているのです。

(『日本の歴史をよみなおす(全)』二〇〇五年、ちくま学芸文庫 より)

以上に引用した一節で語られている内容と記者たちの反応には、種々の問題がふくまれています。反応にふくまれる問題の最たるものは「わかったつもり」になったときの怖さです。しかし、なぜ人はわかったつもりになれるのか、どのようなときにわかったつもりになるのかと考えると、ただそう言って済ますこともできません。

まず、この問題をふくめ、主だった問題点を引用文にでている順に引きだして、簡単に考察してみましょう。（なお、襖の下張り文書の重要性は、内容が専門的になるだけでなく、「わかったつもり」とは別の話になるので、検討から除外します。）

(2) 問題点の洗い出しと大まかな考察

① 第一に挙げられることは、第一線で活動している記者たちも、「百姓」が農民ではないという事実をなかなか受け入れられなかった点です。文書にも書いてあるとおり船商売をやっている廻船人なのだ、と説明しても納得しない。その説明は船商売をして行方不明になった父親の作った借財と、残された円次郎たちの生活が主になっていたでしょうから、具体的な内容から考えれば円次郎が農民であるはずはない。それにもかかわらず百姓すなわち農民という通念から脱却できない。それであらためて二時間近い時間をかけて説明することになったのでしょう。

この流れから見て、通念からの脱却が何とも厄介だったことは明らかですが、ではなぜ記者たちは通念から脱却できなかったのかと考えると、話はもっと厄介になってきます。そもそも、説明者の網野さん自身が長いあいだ百姓すなわち農民と思っていたのですから、事態全体を明らかにするためには、何があったから研究所の人たちはこの通念から脱却でき、誤解をふくむ記事を書いた記者たちは何が欠けていたから脱却できなかったのか、と考える必要が出てきます。

②第二に挙げられることは、マスメディアでは「百姓」が一種の差別語の扱いをされており、そのままでは使えない、という点です。これはマスメディアの側からの自主規制なのでしょう。しかしこの扱いからは種々の疑問が生じてきます。

まず浮かぶ疑問は、「百姓」を差別語と認定したのがどのような人々なのか、その人たちは百姓を差別していた人々と重なるのか重ならないのか、差別にかかわる語を狩り取れば差別はなくなるのかどうか、などです。

さらに、認定の過程を公表せずに自主規制するのは、公器としてのマスメディアの役割に悖《もと》るのではないか、日本語を貧しくすることに貢献するだけではないか、という疑問も湧いてきます。一部の語を差別語と認定して排除したことでマスメディアの発するメッセージが良くなったのかどうかも問題です。

このように、「百姓」という語の排除は、いわゆる「言葉狩り」をする側の問題としても、じっくり考える必要があります。マスメディアによる言葉の自主規制は一貫して拡大しているようですが、購読者や視聴者にはどの言葉が規制されているのか、理由が何なのか等々は、ほとんど伝わっていないのが実情だからです。

③第三は、何度も電話で細かい質問をしたうえに、自分の書いた文章が正確であるかどうかを確認した記者の記事に、デスクが「農民も船商売に進出」という見出しをつけた

点です。この見出しについて、網野さんは、デスクはやはりこれではわからないと判断したものだと思います、せめて「『百姓』も船商売」と(百姓を鉤括弧でかこんで)書いてくれればよかった、と軽く述べるだけにとどめています。しかし仮にそうだったとしても、その判断の背後に何があるのかは考えてみる余地があります。

その場合、単に「百姓」が差別語だから避けたのか、「百姓」をもちいると一部の人を差別することになるから避けたのか、それはすでに購読者が「百姓」を差別語であると知っていることが前提になるが、その前提は正しいのか、あるいは差別語をもちいたときに想定される批判を未然に防ぎ、購買数を維持しようとしたのか、などの疑問がすぐ出てきます。

確定的なレベルまで考えるには手がかりが少ないので、ここでは以上の疑問を提示するだけにとどめますが、おそらく背後の理由はひとつではないでしょう。

④ 第四は他の新聞に表れた誤解です。それは「能登のお百姓、日本海で活躍」と「江戸時代の奥能登の農家、海運業にも関与」という見出しに表れています。

「百姓」と書かずに「お百姓」と書いたのは、「農民」を念頭においていたからだと考えられます。いつの頃からかテレビなどでは農民を呼ぶとき、敬語の「お」をつけて「お百姓さん」と呼ぶようになっています。ただ「百姓」と呼んだのではやはり差別した感じになると(報道する側からか視聴者側からかは不明ですが)受けとめられているのだろうと推測されます。他方、「農家、海運業にも関与」は、明らかに、円次郎とその父親を農民と誤解した表現です。

このような誤解に接すると、やはり、網野さんを始めとする研究所の人たちがどのようにして通念から脱却したのかがどうしても知りたくなってきます。

⑤　第五は「ああ、そういうのよくあるんですよね」といって、三十分くらいで取材を切り上げておきながら、「曾々木で食いつめた農民円次郎が松前に出稼ぎに」云々と書いたベテラン記者です。記事は事実の確認からはじまるという新聞の大前提を守らなかったことといい、勝手に話をこしらえあげたことといい、この人はもう記者と呼べません。どうすればこれほどに事実と購読者をあなどることができるのか。

以上五点のうちでまず考えなければならない問題点は、何といっても、やはり「百姓すなわち農民」という思いこみです。この思いこみは第一点と第四点にはっきりと表れていました。第三点に挙げたデスクの場合は、この立場の人によくあるように、事情をすべて知った上で見出しをつけた可能性もありますが、その見出しで「百姓」が括弧に括られていなかった点を考慮するなら、やはり思いこみにとらわれていたと推定されます。第五点のベテラン記者はもう考慮するまでもないので、ここではこれ以上ふれません。

第二点もとても大切ですが、経験的に得た「百姓」の意味と新たに教えられた別の意味が分離したままだった点に直接にかかわるのは、「百姓すなわち農民」という思いこみがなぜこれほど根強いかですから、ここではこの点に焦点を当てて考えてみることにします。みなさんも一緒に考えてみてください。

(3) 既知の枠組のなかで理解する

網野さんの説明では、「百姓」が農民でないということに記者たちがなかなか納得しなかったのは、当初、この事実が常識的な理解に反するからとなっていました。次いでその理解は「思いこみ」と言い表されるようになりますが、まず「納得しない」という状態から見てゆきましょう。

この「納得しない」という状態は、頭の働きの点では、説明を受け入れようとしても、自分のこれまでの理解と「かみ合わせられない」状態のことです。それなら、なぜこの人たちは網野さんの説明を自分の理解とかみ合わせることができなかったのか、と問題を設定してみましょう。

この問題を考えるときにまず指摘できることは、物事を理解するときに一般に認められる頭の動きです。

動員される「理解の枠組」

新たな事柄を理解するときには、その事柄に関連して自分にすでにそなわっている知識や理解が動員されます。そのように動員された知識・理解は、新たに理解しようとする事柄との関係では、理解の枠組になります。ここでの考察の発端になっていた円次郎の話の場合には、「百姓すなわち農民」という理解が動員されており、それが円次郎の話を理解する枠組になっていました。その記事には結果的に誤解が記されてしまいましたが、動員された知識と理解が枠組になるということ自体は、誰にでも当てはまります。つまり、誰でも、何かを理解しようとするときには——新たに提示された事柄が未知のことであっても——まず自分がすでにもっている枠組のなかで理解しようとします。

そう意図しないでも、実際にはそうしています。そうしないでいることは不可能なのです。知識・理解の動員は無自覚のうちに、しかも瞬時におこなわれるからです。

(4) 枠組のなかでの理解が習性となると

しかし、この無自覚な頭の動きが習い性になってしまうと、実際に見たり聞いたりしている自分の眼や耳や頭にもとづいて判断するよりも、既存の知識・理解の枠組のなかにおさめることで「わかった」と思うようになりがちです。

わかったつもり

そのように思ってしまうことは、実際には、「わかったつもり」でしかありません。それは既知の枠組のなかで理解する「習性」に陥っただけのことです。

この「わかったつもり」は意外に陥りやすく、陥っていながら、なかなか気づかないものです。自明と思っていたことが覆されたときに狼狽するのはその一例で、これは無意識に適用していた理解の枠組がこわされたり、無効であると意識した結果です。意表をつかれるのもその例で、これは新たに提示された事柄が既知の枠組におさまらないために、対応しかねた結果です。

ところが、記者たちの反応はそこまでも行っていない。すでにもっている自分の理解のどこかに非があることを意識するところまで進んでいない。進まないままにこの習性に陥り、「思いこみ」で記事を書いてしまう。それも、職業がら未知の出来事に接すること日常茶飯の新聞記者が「わかったつもり」になって記事を書いてしまう。考えてみれば何とも奇妙な話なので、記事を書くまでの過程をもう少し詳しく見てみます。

誤解が生まれたプロセス

百姓は農民という常識的な理解から話を聞きはじめた段階では、記者たちが円次郎親子のことを「百姓すなわち農民」という枠組のなかで理解しようとすることに非はなかったはずです。

その理解が「思いこみ」と言われても仕方がない事態になったのは、この常識的理解をくつがえす事実を提示されても、その理解を捨てなかったからです。（捨てようにも捨てられなかった人もいたでしょうし、その必要を感じなかったから捨てなかった人もいたでしょう。ここでは、自覚・無自覚の違いをふくめ、そうした状態をすべて合わせて「捨てなかった」と表しておきます。）

網野さんが記者たちに話した内容と、先に引用した文章の内容がちがっているとは考えがたい。その文章には、父親はもともと船商売を専業にしており、円次郎は蠟や油の商売などでその日暮らしができるようになった、とある。両者とも、農業をいとなんでいたとは記されていない。ところが、これほど明瞭な事実を実際に眼の前で説明されたあとでも、なぜ「百姓」が松前まで行くようなことになったのですかと質問する。それから二時間近い時間をかけて改めて説明されたあとにも――だからおそらくはその間に自分の質問に答えてもらったあとにも――なお誤解をのこす記事を書く。これは「百姓すなわち農民」と信じこんでいなければあり得ないことです。

記者たちは、単に「百姓すなわち農民」という理解の枠組を円次郎に当てはめて理解しようとしただけでなく、その枠組を強く信じこんでいたのです。網野さんの指摘する「思いこみ」とは、このように「自分の理解の枠組が正しいと信じこんでしまうこと」だったわけです。この信じこみは「既知の枠組のなかで物事を理解する習性」がどれほど強く根を張るかを示す例にもなりますが、ここで大切なことは、なぜそれほどに信じこむことが可能だったのか、にあります。

誤解が生まれた根本原因

記者たちが「百姓は農民」と信じこんだ理由は、根底においては、思いこんでいる自分を疑うことがないから、です。

思いこんでいれば、つまり信じこんでいれば、当然、信じこんでいる自分にまちがいがあるとは思えず、自分がまちがっているかもしれないと自分を疑うこともありません。「既知の枠組のなかで物事を理解する習性」が根強いのも、そのためです。そもそも、信じこんでしまうと、自分が信じこんでいるという意識すら立たないでしょう。記事にあらわれた誤解は、その信じこみがごく普通の言葉にも起こり得ることを示す好例なのです。

視線をUターン

このような信じこみを実際に避けるためには、眼を自分にむけることが必要です。自分を振りかえって、自分の理解や考えが現実に妥当しているかどうかを、絶えず確認する態勢をもつことが必要なのです。

そのためには自分と、自分の理解とのあいだに、距離をとることが必要で、そのように距離をとって、自分が対象をどのように理解しようとしているか、どのような理解の枠組を適用しているかを、常に自分で確認する態勢をもつわけです。

理解したことを確認するもっとも確実な方法は書くことなので、それを言葉にして書いてみる必要も生じてきます。ただ、確認したことを言葉にするのであって、その逆ではありません。

言葉をあつかうことに慣れている記者の場合なら、説明を聞きながら、まず円次郎の話にむけていた視線を逆転させて、自分にむける必要があったわけです。もしそうしていたら、「では百姓すなわち農民という自分の理解を捨てなければならないのですね」という声が記者のなかから上がっていたことでしょう。

ですから、この視線の逆転は誤解や間違いを避けるキー・ポイントで、非常に大切なところです。「百姓は農民ではない」のように、常識的理解が修正を迫られているときには、社会生活をいとなむ過程で常識を基礎に身につけた態勢だけでは、事態に対処することができないからです。

ところが、これがなかなかうまくゆかない。その必要性を感じて自分の理解の枠組に眼をむけようと実際に試みても、最初は要領を得ないだけでなく、はかばかしい成果もあげられない。その理由は、誤解をふくむ記事を書いた記者たちが、一体なぜこのとき「百姓すなわち農民」という自分の理解の枠組を修正する必要に思い至らなかったのかと考えれば、見えてきます。

(5) 意外に困難な現実認識

思い至らなかった理由は、端的には、説明を聞くことが経験になっていなかったからです。語義を知っただけでは現実認識にならず、一通りの説明を聞いただけでも、現実認識は得られないのです。このように言えば、ただ自分に眼をむけただけではうまくゆかない理由も記したことになります。経験とならなかったために、想像力はこのときうまく働かず、現実の事態を的確に想い描くことができなかったでしょう。空想とちがい、想像力は自分の経験した世界やそれと類似した世界を外れては、うまく働かないからです。

心が動く瞬間

網野さんをふくむ研究所の人たちは、時間をかけてじっくり調査をしている過程で、「百姓イコール農民」ではないという事実を発見していったはずです。最初、数多くの文書を整理しながら読みこんでいく途中で、これまでの常識的理解では腑に落ちない文面や、そうした理解に反する文面にでくわした瞬間があったでしょう。それは文書を見ていて、はっとする瞬間です。

そのようにはっと心の動くことが理解の枠組を変える端緒なのです。

この瞬間にたいして学者として誠実に対応しようとすれば、研究所の人たちはこれまで自分たちが抱いていた「百姓イコール農民」という理解を疑わなければならなくなったはずです。その疑いを解消しようとするなら、当時の状態を脳裏に想い描けるところまで文書を読みこみながら、現実の事態がどうなっていたのかをあらためて把握しなければならなくなります。現実の事態の把握から語義の理解を修正する必要も出てきます。

疑問を抱いたときから「百姓すなわち農民」ではないと確定的に言えるようになるまでの過程は、単なる新事実の発見にとどまらず、自分の理解の枠組を変える経験になっていたはずです。だからこそ網野さんは「百姓は農民か」の節の最後で、「百姓は決して農民と同義ではなく、たくさんの非農業民――農業以外の生業に主としてたずさわる人びとをふくんでおり、そのことを考慮に入れてみると、これまでの常識とはまったく違った社会の実態が浮かび上がってきます」と確定的に判断を打ち出すことができたのでしょう。

理解の枠組を変える経験

はっとすること、心が動くこと、あるいは現実にふれること、現実にふれて実際に自分の心が動くこと、そのようにして自分の理解の枠組を変えること――自分の理解の枠組をたえず検討する態勢を経験的に自分のなかに組みこむことができるようになるのは、この一連の経験を積みかさねてのことです。その間には、「愕然とする」ことがあるのも、避けられないでしょう。

ところが、記者たちは百姓が農民ではないと言われたとき、あるいは円次郎もその父も農民ではないと言われたとき、その認識をささえる現実の事態を把握するところまで理解を進められてはいなかったでしょう。

当然です。引用文から考えるかぎり、江戸時代の文献資料と格闘したことがなかったと見られる記者にとって、円次郎親子の話は想像力を働かせようにもうまく働かない、経験外のことだったと推定されるからです。「百姓は農民ではない」はまだほとんど言葉でしかなく、「円次郎」もまだほとんど単なる人の名前でしかなかったでしょう。

単語をささえる膨大な言語体験

個々の単語の背後には、意味と用法と文脈をささえる膨大な数の言語体験がひかえています。ある語をある文や文脈のなかで適切にもちいられるようになるということは、その類型化された脈絡のひとつを見つけたり、なぞったりできるようになったということです。そのようになぞることのできた語が自分で納得して使える語です。

経験的に得た単語は無数の現実体験に根をおろすことで意味をたもっており、その意味をささえる背後の現実と連動して初めて、コミュニケーションの場に登場するわけです。それは「レモン」と聞いて単にフットボール型の小さい黄色の実を想像する段階から、聞いたとたんに口のなかに唾液がでてくる感じになる段階へ移行することだとも言えるでしょう。

ところが、円次郎親子の話を理解するには、この意味をささえる背後の現実との関連自体を修正しなければならない。記者が都会育ちで「百姓」の意味を一通り知っているだけの場合はもちろん、この語を納得して使える人であったとしても、類型化された脈絡をなぞること自体が束縛となり、「百姓は農民でない」は対応する現実から遊離したままにとどまっていたでしょう。だから「まだほとんど言葉でしかなく」と言えるのです。

ではこのとき記者たちには本当のところ何が必要だったのでしょうか。

(6) このときに必要だった経験

それは、時国家と研究所の人たちの努力によって新たに発見された事実を、その発見上の体験と知見もろとも、自分のものとして取りこむことだったのです。

これはただ事実を知ってそれを記事にすることと異なり、みずから新たな経験をひとつ積むことを意味します。ところが、誤解をふくむ記事を書いた記者は、研究所の人たちとちがって、円次郎の実際の生活を想像するところまで文書を読みこんだわけではなく、読むことで自分の人生の一部を円次郎のものと重ねあわせ、その生活を擬似的に生きたわけでもない。それは二時間程度の説明をされただけでは不可能なことで、語をささえる体験を自分のものとする過程はこのとき生まれていなかったでしょう。

そもそも、記者の念頭には、百姓と聞いたとき、昔の農村ではたらく農民がうかんでいたと推測されます。このとき明確なイメージがともなっていたかどうかは大きな問題ではありません。いずれ農民が何なのかを知ろうとすれば、実際に農村ではたらく人に接する必要があるので、この段階では田畑を耕す人といった程度の理解でもかまわないわけです。しかし、その理解が二十世紀の農民にもとづいているかぎり、円次郎親子の話とのあいだにはズレが生じます。誤解を避けるためには、説明を聞いている途中でこのズレに気づく必要があります。

しかし、引用文中の質問を読むところ、理解がうまくかみ合わないことは充分に意識されても、そのズレに気づき修正するだけの経験的な基盤——ないしその基盤に相当する訓練——は、記者たちになかったと推測されます。そのため想像力はそのあと円滑にはたらくことができず、ズレは修正されることもないままに終わったのでしょう。

一通りの説明がされたあとでも、二時間かけて説明されたあとでも、事態には変わりがなかったでしょうが、そう推測されるのもこの経験・訓練の欠如からくる想像力の機能不全が推定されるからです。円次郎親子にかかわる現実の事態が心にうかんでくるかどうかは、説明に費やされた時間の長さで決まるのではなく、聞いた内容を想像力をはたらかせて解きほぐしながら、現実の事態を掘りおこそうとする、継続的な努力があるかどうかによっていたからです。

事の顚末　その努力がなければ、当然のことながら、自分の理解の枠組を変える経験も生まれようがない。あらためておこなわれた網野さんの説明を聞いているあいだは、説明を理解することに頭の活動の大半が割かれたため、「百姓すなわち農民」という常識的理解は頭の片隅に追いやられてしまっていたでしょう。だから記者たちはそのときには「わかったつもり」になれたでしょう。

しかし、その二時間は、この常識的理解を当然と思っていた心を動かすだけの経験を記者に生みだせるほどではなかったので、社に帰っていざ記事を書く段になると、いったん理解の前面から追われていた「百姓は農民」という常識が念頭にまいもどってきて、網野さんの説明と混じってしまい、結果的に誤解をふくむ記事を書く羽目になってしまった——事の発端から結末までの過程はこのように推測することができます。

結局、円次郎親子の話と自分の理解を「かみ合わせる」ということは、単に頭で説明を理解することではなく、聞いているうちに何かがおかしいと気づき、それをズレと感じとり、そのズレがどこからやってくるのかを捉え、現実の事態に照らしながら、自分の理解を修正するまでの一連の活動だったのです。

修正した結果を自分のなかに取りこむところまでをふくめると、「納得する」という心の動きが得られます。「納得する」は、新たな体験と知見を自分のなかに取りこみ、それまでの経験と統合させて自分をひとつ豊かにすることなのです。

そのように豊かになったとき、実は、人間とその世界について自分のもっている理解が全体として組みなおされ、現実にむかう態度にも違いが生まれています。しかしその違いの検討はまた一仕事ですから、これは別の機会にゆずりましょう。そして「わかる」ということがどのようなことかが見えてきたここでは、わかるとは変わるということで、これは一生続きそうだと心得ておくだけにして、補講に移りましょう。「かみ合わせ」を「すり合わせ」と言い換えると、広く生活や仕事のなかで誰もが経験する苦労が見えてくるからです。

補講1 「すり合わせ」と「かみ合わせ」

これもミュンヘン大学で指導していたときのこと。学期がはじまってから一ヶ月ほどしたころ、思いもかけず前任者がひょっこりあらわれ、日本人スタッフの世話役をしていた老教授のところにも顔を出し、そのとき、私に託した授業の様子を聞いていったそうです。これはこの老教授から後日うかがった話で、尋ねられた点については、すり合わせにもう少し時間がかかるだろう、と答えておいたとのことでした。すり合わせとはもちろんドイツの学生や組織と私とのすり合わせで、「はじめに」でその一端をお伝えしたように、それはドイツ的な考え方や行動の仕方と日本的なそれとのすり合わせでもあったわけです。

「すり合わせ」との出会い

すり合わせと言える経験はそれなりにしてきたはずなのに、この言葉を自分に関わるものとして私が受けとめたのは、このときが初めてです。なるほど、今の模索はそのように言い表すこともできるのか、というのが率直な感想でした。国外でのすり合わせには、国内の場合とは異質の要素が数多くふくまれてくるので、その消化には意外にてまどるものです。「すり合わせ」という言葉が意味あるものとして私の理解に入ってきたのはそのためでしょう。

以来、この言葉をとおして見える出来事が一挙に増えました。第一講で、円次郎親子のことをあらためて二時間近い時間をかけて説明することになったという箇所を引用していたとき、読者のなかには二時間程度の説明で足りたのか疑問をもつ人がいるかもしれない、と推測できるようになったのも、そのおかげです。

疑問をいだいたのではないかと私が考えた人は、国内なら転校や転職を繰りかえした人です。海外での生活経験のある人なら、なおさら疑問をいだいた可能性があります。中には、新しい環境とのすり合わせに手こずった自分の経験に照らして、記者たちの納得しなかった理由がすぐわかった人もいたでしょう。

何度も必要なすり合わせ

このすり合わせは、普通、幼稚園や保育園への入園からはじまります。両親に保護された環境から、多数の子どもたちとの共同生活に入るからです。すり合わせは当人が気づかないままにはじまり、夜中にまた布団に世界地図を描くようになる頃には、かなり進行しているでしょう。このプロセスは、園児が新しい環境になじむことでいったん終わるわけですが、以後も進学や就職など、人生の節目ごとにすり合わせが必要で、これはけっこうストレスの溜まるものです。転職を繰りかえす人は、会社ごとに企業風土が大きく違うので、それだけ多くストレスを経験することにもなります。海外駐在員の子どもの場合には、すり合わせからやってくるストレスのため、中学生で白髪になる子もいます。

このように、すり合わせというものは、新たな環境になじむまでは、けっこう厄介なものです。しかし、このすり合わせもまた、新たな体験と知見を自分のなかに取りこみ、それまでの経験と統合させて自分をひとつ豊かにするもので、この点では第一講で取りあげたかみ合わせと変わりがありません。

「自分」に気づく機会

双方が違うように見えることが多いのは、すり合わせは心が直接にすり合わせられるけれども、かみ合わせなら――議論のかみ合わせの場合のように――ただ頭を動かせばすむと思える場合が少なくないからです。しかも、歯や歯車が同一面でかみ合うように、議論というものは、議論する双方の経験的基盤が重なったところでかみ合うのが普通です。

この点でかみ合わせはすり合わせと違います。すり合わせの場合には、何がどのようにすり合わせられているのかすら、はじめはわからないからです。それでも、「百姓は農民でない」の場合に、自分の理解が問われたとたん、経験の主体である自分が俎上にのせられたように、かみ合わせが起こるのも、実際には感じ考える心においてのことです。当然、どちらの場合でも心は外部に開かれていなければならず、心がかみ合わせ、すり合わせた成果を自分のなかに受け入れたとき、あらためて現実世界を積極的に受けとめる自分を取りもどすことができると言えるでしょう。

ところが、そうならない人がときどき見かけられます。そのほとんどの場合に共通する特徴は、かみ合わせすり合わせている「自分」に気づかないことです。そうしている自分に気づくことは簡単ではありませんが、その自分に気づく手がかりは、ふだん自分が用いている理解の枠組を確認する機会をもつことです。

その機会を見つけることはむずかしくありません。現実と自分の理解にズレを感じるときだからです。このズレが違和感として生まれているなら、自分の枠組を再検討する機会は数多くあると言えるでしょう。その違和感がどこからやってきているのかを考えるとき、違和感を感じている自分に眼をむければよいからです。

第二講　事実と判断——ある教室風景を題材に

第一講の引用文でベテラン記者の記事に網野さんたちが大笑いしたのは、内容が一読してまちがいだったからですが、文章を読んでいるあいだには誰でも内容にたいして疑問をいだくときがあるはずです。たとえば「警察が新築校舎の屋根を三尺切れという」とある場合には、いったい「そのようなことがあるのだろうか」と思ってしまいます。「日本はいずれ女性優位の社会になる」とある場合には、つい「そのようなことが言えるのだろうか」と疑問を感じます。前者の場合には事実に疑問を感じており、後者の場合には判断に疑問を感じている、と言いかえることができます。現実の事態は、小さなことでも意外に複雑なので、当然、双方に疑問を感じていることもあるでしょう。

事実と判断を区別する

事実に疑問を感じたときには、人に訊いたり、別の文献をさがして、事実を確認することになります。判断に疑問を感じたときには、まずもって、その文章中で判断を事実から区別する必要がでてきます。疑問を感じた判断が文章中のどの事実にもとづいているかを知る必要があるからです。

そのように事実や判断の根拠をたずねるということは、自分もまた自分なりの判断をくだそうとしていることをも意味します。そもそも、著者のくだした判断に疑問を感じることと自体が、取りあげられた事柄にたいして「著者とは別の判断があるのではないか」と感じていることのあらわれです。そう感じることから、みずからその事柄にたいして適切な判断をくだしたいと思うまで――あるいはその気持ちが芽生えるまで――は、ほんの一歩です。しかし、そう思う気持ちや萌芽を生かすためには、つまり自分の判断が適切なものとなるには、自分の考えがどの事実を基礎としているかをはっきりさせる必要があり、そのためにも事実と判断との区別は必要になります。

事実の認定から始まる作業

さて、ある文章のなかで事実と判断とを区別する作業は、その文章から事実を引きだすことからはじまります。それも、著者の最終的な判断（つまり結論）をとらえてから（あるいはそれに見当をつけてから）、個々の語句に「これは事実か判断か」と問いかけながら、まず事実を引きだすわけです。著者のメッセージにあらかじめ見通しを立てておくのは、区別する作業をやりやすくするためですが、実のところ、基礎的な事実にかんする著者の認定自体にも当人の判断がこめられているので、この作業は実際には、事実認定の適否を確認することからはじまります。

この作業を試みるために、ある文章を以下に引用します。この文章を読んで、事実と判断とを区別しながら、個々の事実認定の適否と著者の判断の適否とを考えてみましょう。著者は大学の教員です。（傍点は引用書どおりです。）

ゼミの学生が教育実習に行くときに、僕も実習校にご挨拶に行きます。そういうときには授業を見る機会があります。そして、公立の中高の生徒たちの授業に対する「興味がない」という意思表示の激しさにいつも驚かされます。

「起立、礼、着席」という挨拶を相変わらずやっているのですが、この号令をかける学級委員が教師に促されてのろのろ立ち上がり、気のない声で号令をかけると、生徒たち全員が、これ以上だらけた姿勢を取ることは人間工学的に不可能ではないかと思われるほどだらけた姿勢で立ち上がり、いやいや礼をし、のろのろ着席する。僕はこの精密な身体技法にほとんど感動してしまいました。「きちんとした動作をしたせいで、うっかり教師に敬意を示していると誤解される余地がないように」この生徒たちは全力を尽くしている。ただ怠惰であるだけだったら、人間はこれほど緩慢には動けません。必要以上に緩慢に動く方がもちろん筋肉や骨格への負担は大きい。ですから、これを生徒たちが生理的に弛緩していると解釈してはならない。これは明確な意図をもって行われている記号的な身体運用なんです。

彼らは「お前がこれから提供する教育サービスにオレらはまったく期待していないからね」ということを全身を挙げて意思表示している。これはバザールで「さあ、これから値切るぞ」と構えている買い手の構えとまったく同じです。

（内田樹『下流志向——学ばない子どもたち 働かない若者たち』二〇〇七年、講談社 より）

(1) 著者の立っている場

少人数寺子屋方式チェーン

引用文は一読するとよくある教室風景を描写した文章のように見えます。小学生ならいざしらず、中学生や高校生にもなると、先生が教室に入ってきても即座に反応するわけではなく、のろのろ立ち上がって、おざなりに気のない礼をするほうが普通になります。自分もそうだったと思ったり、よくある話だと思った人が多かったかもしれません。

そのときには、「人間工学的に不可能ではないかと思われる」や「精密な身体技法」などの言い回しは、心のどこかを軽い疑問がかすめても、あまり気にとめないで読み流してしまったことでしょう。しかし、本を書く人は色々なことを考えながら書くものです。著者がこのような計算された言い回しをもちいたときには、裏で考えていたことがあるはずです。

今回の引用文は、事実と判断の区別や、事実認定の適否を検討する例として取りあげたのですが、その検討をしてゆくと、判断の根拠が知りたくなり、必ず著者の立っている場に眼をむけ、その場に立っている著者の頭のなかを覗くことが必要になってきます。ただ事実関係を追うだけではすまなくなるのです。ですから、はじめに著者が大学教員としての自分をどのように説明しているかを見ておくことにしましょう。

武道にも通じている著者は、『下流志向』の最終章「質疑応答」の最後で（だからこの本の最後で）、おおよそ次のようなことを語っているので、要約して紹介します。

――今日あまり話せなかったのは、伝統的な教育技術をどのように教育システムの中に再度プログラム化するかである。大学で武道の教師をし、地元に道場を開いてから十五年になるので、自分で設計した教育プログラムには自信があるが、誰でも使えるかたちに展開する方法はまだ固まっていない。とりあえず、たくさん弟子を育て、彼ら彼女らにそれぞれに道場を開いてもらい、この教育プログラムを広めてゆくしかないかなと思っている。少人数寺子屋方式のチェーン展開みたいなものである。大学で自分にできることはだいたいやり尽くした気がするので、できれば少しはやめに大学教師の生活からリタイアして、余生は自分の道場で地域の子どもたちを教えて過ごそうと思っている。武道を教えるだけでなく、家にいづらい子は道場に泊めて自立までの世話をする。学問したい子には哲学も文学も教える。週末には仲間を集めて宴会や麻雀をやる。そういう開かれたアジール〔避難所〕のようなコミュニティの拠点を作りたい云々――。

どうやら、著者は現在の制度教育にも、大学教員としての自分の仕事にも、ほとんど希望をもっていないようです。それでも、開かれたアジールを作りたいと語っているところを見ると、教育に絶望しているわけではなく、教えることを断念しているわけでもない。それどころか、著者なりの大望をいだいている。その少人数寺子屋方式チェーン展開の話は、さきほどの中高の教室風景の描写からは予想もできない内容で、双方の話のあいだにはとても大きな落差があります。

そのように大きな落差をかかえた人物がさきほど引用した文章を書いているということを念頭におきながら、文章の内容と事実認定の適否を検討することにしましょう。

(2) 疑問や違和感を糸口に

まず、引用文の内容を手短にまとめて、内容を大づかみにとらえましょう。公立の中高で学ぶ生徒たちが授業にたいして「興味がない」という意思を表示するときの激しさにいつも驚かされる著者は、生徒たちが教師の提供する「教育サービス」にまったく期待していないことを「全身を挙げて意思表示している」と読みとった、とすれば大意が得られます。

文章の内容をまとめるときには色々な仕方がありますが、このように大意をとる場合には、文章の基本的な論理、つまり言い表されている事態を構成する主な要素の織りなす連関を追うだけでよいでしょう。そのためには、誰が何をした、という点に着目するだけで充分です。

このように大意をとらえたあとに、あらためて文面をながめてみると、引用文を通読したときとは違って、「教育サービス」や「全身を挙げて意思表示している」などとある後半が目立ち、奇妙に感じられます。引用文の語り口には多分にユーモア、それも――「これから値切るぞ」などから見て――かなりワサビを利かせたユーモアがこめられているのだろうと推測しても、違和感をぬぐいさることができません。

あとに残る違和感

なぜ著者は授業開始のときに挨拶する生徒たちの行動を、損得勘定にうるさい買い物客が腕まくりしてやりはじめる値切り交渉のように説明するのか。経済的合理性をきびしく追求するようになった現在の社会のなかで、親や周囲の人々の言動をまねながら育つ子どもの在り方を念頭においてこのように語っているのか。つまり、「役立つ／役立たない」という言葉を小さいころから聞いて育った子どもが、この言葉に含意される有用性を授業にまで適用するようになったと見ているのかどうか。

学ぶということにかんする著者の基本的な見解は、原著『下流志向』に見るかぎり、この引用文とは対照的に、まったく正統的なものです。勉強というものは母語の習得と同じようなもので、最初は自分が何を学んでいるかを知らず、何の価値や意味や有用性があるかも言えないところからはじまる、と捉えているからです。

ところが、そのような正統的な考えの持ち主が、勉強もなかばに達した中学生や高校生、自分の道場に泊めて自立までの世話をする可能性があるかもしれない生徒たちを、教室のなかでは経済的利益にとらわれているような人間として描きだす。何ともはなはだしい対照です。一方から他方を予想することはまったく不可能で、一方の内容と他方の内容とのあいだには、何の直接の関係もみとめられません。

引用文の内容と、著者自身の教育観や自分の道場にかける希望との関係がこのようになっているとあれば、やはり、引用文を検討するときには、その対照を念頭にたもち続け、道場の話を失念しないよう心がけることが不可欠になります。

『下流志向』の基本性格

双方の落差は、おそらく、教育現場にいる教員の苦境と、衆知を集めても如何ともしがたい教育の現状から生まれているのでしょう。ただ、著者としては単に苦境をつたえるだけでは芸がない。読者は退屈する。それで色々と工夫した。しかしそれは工夫だから、あまりその工夫にとらわれると、真意を取りちがえる怖れがある。真意は真意、工夫は工夫と受けとめ、検討したら道場関連の話に立ちもどって検討の内容を点検する、それから先にすすむという手順をとることにして、まず前にまとめた大意の文面を検討し、次いで引用文全体へと検討の視野をひろげることにしましょう。

(3) 事実認定に込められた判断

手短にまとめた大意の前半で、著者は、公立の中高の生徒の授業にたいする「興味がない」という意思表示の激しさにいつも驚かされる、と述べます。

「驚く」はそもそも受動的な心の動きですが、「驚かされ」としるすと、受動性がより強まります。この文脈では、それだけでなく、生徒たちの行動が著者の基本的な授業観に反するから「驚かされ」た、と読みとることも可能でしょう。これは驚く瞬間の背後にある著者の、ふだんの態勢にかかわる点です。「いつも驚かされ」もまた、生徒たちの行動が著者の教育観に反することを示唆する、と読めます。

「驚く」という停止状態

著者も教員のひとりなので無理もない反応ですが、ここではそう考えるだけでは不充分です。なぜなら、「激しさに……驚かされ」に着目すると、著者は生徒の行動を受けとめかねている、と読めるからです。「激しい意思表示」ではなく「意思表示の激しさ」と、「激しさ」に焦点をあてた表現は、この推測を裏書きしていると思われます。

著者がなぜそれほど驚かされるのかはさておき、この「驚かされ」は著者の反応であっても、判断ではありません。これは眼に入った光景に、心が一瞬大きく動いたあと、頭ともども活動を停止する状態を指します。最初はそのように一瞬心が大きく動くので、日本語の「驚く」は感情の動きを示すと受けとめられるのが普通ですが、ここではこの停止状態のほうに焦点を当てて考えます。その場合、この停止状態は生徒たちの動作によってもたらされたものですから、著者の言葉を利用して表すなら、これは授業にたいする「興味がない」という生徒たちの、「激しい意思表示」と言い表された動作によってもたらされた、となります。

事実認定に介入する授業観

しかし、その「興味がない」も「意思表示の激しさ」も、単なる事実ではありません。双方とも著者がそう認定したことです。この認定は、生徒たちが教師の提供する「教育サービス」にまったく期待していないことを「全身を挙げて意思表示している」と読みとった、著者の判断に呼応する認定です。

そのように著者が認定した理由を考えると、それはやはり、授業に興味がないという生徒たちの意思表示が、著者の想定できる範囲を超えていたからだった、という点にもとめられるでしょう。引用文を文字通りに受けとめるなら、「……いつも驚かされる」という記述は、著者の授業観が事実の認定に介入した例なのです。表現に誇張がふくまれている点をさしひいても、この把握は充分になりたつと考えられます。

ただ、このように著者の授業観が事実の認定に介入したことをみとめたとき、考慮しなければならない文面が引用文にあります。「ほとんど感動してしまいました」です。ここは普通なら「唖然とした」や「愕然とした」となるところです。ところが実際にしるされているのは「感動」です。この文面を素直に受けとめるなら、著者は「唖然」や「愕然」を通りこして、「いや、すごい。予想はしていたが、これほどとは思わなかった」と、感じ入っていたことになります。

この可能性も充分にあります。と言うより、それが実感だったかもしれません。あるいは逆に、ここにもひねったユーモアを感じとるべきかもしれません。その双方が瞬時に生まれた可能性もあります。さきほど紹介した、開かれたアジールのことを考慮するなら、そんなに無理しないで遊びなよ、と言って笑いとばしたかった可能性すら考えられてきます。

読者をどこへ連れていくのか

それだけではありません。原著は講演をもとにしたものなので、「ほとんど感動してしまいました」と語ることによって、著者は「それほどすごかったんですよ」と聴講者に語りかけていたことになるでしょう。そう語りかけることで同時に、聴講者とのあいだに、公立の中高の教室にかんする共通の理解の枠を設定しようとしていたことになります。それも、自分が本当にやりたい教育、つまりそれ以外に方法がないかもしれないと思う道場での教育とのあいだに、大きな落差をかかえながら……。著者がどのような場に読者を連れていこうとしているのかを知りたくなってきました。

大学教員は中学生や高校生を直接教えるわけではありませんが、大きな枠で見れば教員です。導く立場にあるその教員が、導かれる立場にある生徒のことを、皮肉をこめたユーモアを弄しながら一般読者に語るということは、取りあげた話題が教室のなかでは解決できないと著者がとらえていることを物語っています。ユーモアも皮肉も、本当は生徒にむけられているのではなく、学校をとりまく周囲の世界にむけられていると受けとめなければなりません。さもなくば、授業のことを教室のなかで解決できない、教師側の無力を意味することになるからです。

引用文からとらえるべきもの

考慮すべきことはもっとあります。道場の話が著者の真意であるなら、引用文のひねったユーモアにも、「ほとんど感動してしまいました」にも——著者の強がりとまではいかなくとも——無理が感じられます。語っているのが著者であることはまちがいありませんが、無理がある点で、著者が状況に語らせられている側面があることは、やはり認めなければならないでしょう。引用文で本当にとらえるべきものは、その状況ということになります。

では、そのように推定される状況のなかで、著者はどのような位置に立っており、その立ち位置から何をどのように伝えようとしているのか。この点を念頭におきながら、今度は引用文全体に視野をひろげ、認定の点からあらためて考えることにします。

(4) 予断の存在

生徒たちの動作を描写した「興味がない」などの表現に著者自身の認定がこめられているとすると、その動作を形容する「のろのろ立ち上がり」も「気のない声」も、よくある話だと受けとめるだけでは不充分になります。その双方にも著者の授業観が介入しているかもしれないからです。

こめられた予断　と言うより、このふたつの事実もまた、「これ以上だらけた姿勢を取ることは人間工学的に不可能ではないかと思われるほどだらけた姿勢で」などと同じように、単なる事実ではなく、著者が自分の判断をこめて記していると受けとめなければならないでしょう。それも、「人間工学的に不可能」云々や「この精密な身体技法」は、かなり誇張の入った事実の提示です。「のろのろ立ち上がり」にはじまる一連の形容は、あまりにも一貫しているので、かえって事実の記述自体に著者の予断がこめられていると推測させるに充分です。

　この「予断」はもちろん「生徒たちの挙動に接するまえに予《あらかじ》めいだかれていた判断」といったほどの意味です。ですから、「これは明確な意図をもって行われている記号的な身体運用なんです」（傍点も引用書どおり）は、予断にもとづいた判断になります。「記号的」という語はあまり見慣れない言葉ですが、文脈から見て「意図を示す」といった程度の意味でしょう。

予断との関連でさらに付けくわえることがあります。引用文全体が――中心となる特定の授業風景はあったとしても――この予断にもとづいて、何度も目撃した光景をかさねあわせて意図的に構成されたものだという点です。一見すると、あるときある学校での授業風景をしるした文章のように見えますが、実際の文面は「中高の生徒たち」と一般的な表現になっているからです。著者は明らかに作為的にストーリーを作っています。

この作為的ストーリーが「お前がこれから提供する教育サービスにオレらはまったく期待していないからね」や、「これはバザールで『さあ、これから値切るぞ』と構えている買い手の構えとまったく同じです」にもおよんでいることは、もう言うまでもないでしょう。場所は公立の中学校や高校です。それも教室のなかです。ふつうに考えるなら、生徒たちの態度から「教育サービス」や「バザール」や「値切るぞ」のような語句が出てこなければならない理由はないはずです。

脚色された事実

もう明らかでしょう。第一講で「百姓」を理解するために適用された「百姓は農民」も予断で、実際にはまちがいだったわけですが、ここでの予断は理解の枠組として生徒たちの行動を記述するには、余計なものが入りすぎていて、予断が事実を覆いかくしていると言えるほどです。基礎的な事実はあったのでしょうが、それはもはや捉えられないほどに脚色されています。

こうして見ると、著者が読者をどのような場に連れていこうとしているのか、著者が状況に語らせられている側面はどのようなものか等々、これまでの疑問はまだほとんど解消されていませんが、予断があり事実が大きく脚色されていること自体はたしかです。

では、本当のところは、どうだったのでしょう。著者が眼にした教室のなかで、生徒たちは実際にどのような行動をとっていたのでしょう。著者の目撃した教室風景を再現することは不可能なので、代わりに、ごく最近まで高校生だった学生や、社会人になってもまだ高校までのことを鮮明に記憶している人たちや、著者と同様に教壇に立っている人たちに引用文を読んでもらった感想をここに記します。

(5) 生徒側の理解

なぜ「のろのろ」なのか

ある学生は、そもそも中学校や高校のころ、生徒は授業の最初の挨拶に立ちあがる自分の動作にわざわざ自覚的な意味づけなどしていない、習慣的に立ちあがり、頭をさげるだけではないか、少なくとも「きちんとした動作をしたせいで、うっかり教師に敬意を示していると誤解される余地がないように」全力を尽くしているということは絶対ない、と言います。では、その習慣的動作が「のろのろ」なのはなぜかと訊くと、たしかに自分の場合ものろのろだったと思うが、しゃきっとしなければならない理由が見つからない、と言います。ではなぜその理由が見つからないのかと重ねて訊くと、おもしろかろうとおもしろくなかろうと、授業は授業でしかなかったんでしょうね、教師にたいする敬意は考えたこともないから、と答える。

もうひとりの学生は、生徒は動作に自覚的な意味づけをしておらず、自分ものろのろ立ちあがった、という点では最初の学生と同じですが、その理由に学校の規律や規範にたいする何とはない違和感があったことをあげます。曰く、自分は中学一年生までサンタクロースを信じていたほど初心《うぶ》な人間だったが、二年生になるとのろのろと立ちあがるようになっていた。周囲の雰囲気がそうさせていた度合いも強いだろうが、その雰囲気が教室に生まれるようになった理由を推測すると、やはり規律が単なる押しつけになっていたからではないか、規律の向こう側に何もないことを感じとっていたからではないか、それでも挨拶をしなければならないとなれば、それはゲームとしてやるだけ、と。

この「ゲーム」をもっと進めたところに、自分たちものろのろ立ちあがったが、それは本当は良い授業をのぞんでいる自分たちの気持ちをわざと反対の態度で示していることを教師が見ぬいて、「ニヤッ」と笑うかどうかを試すためだった、そう笑う教師だったらまじめに授業を聞くが、そうでなければもうサヨナラ、しかも教師にたいするこの試験もどきは敬意とは無関係で、自分たちの在り方を理解する能力が教師にあるかどうかを知るためだった、という社会人がいます。どうやらこの人も著者と同じように、ひねったユーモアを解する人のようです。

実感にそぐわぬ「教育サービス」

話題を変えて、では「教育サービス」や「これから値切るぞ」という言葉はどうかと訊ねると、これもまた著者の捉え方に同意する人は皆無です。授業を「教育サービス」ととらえる意識がそもそも生徒にはない、「これから値切るぞ」という言い方も実感にそぐわない等々、です。

実感だけで判断するのは危険なのではないか、自分ではそう思わなかったとしても、そう思わないように操られていた可能性はあるのではないか、とつっこみを入れると、制度を運営する側の人間の意図がわからないから、その可能性は今のところ否定も肯定もできないが、著者の説明は教育を経済上の言葉で説明した「お話」ではないか、今では「教育産業」のような言葉が普通に使われるし、授業では学生がお客さまあつかいされている大学もあるのだから云々……。

予備校には、近年、授業に遅刻しがちな講師の二、三分の遅れを累算して年間の損失額を事務に訴える生徒がでてきたそうですから、以上の感想だけで現状を判断することも、著者のストーリーが全面的にまちがっていると考えることもできません。それでも、著者が予断にもとづき、しかも経済的な損得を重点において、誇張的にストーリーを作っていること自体はまちがいありません。

もう、引用文をよくある話と受けとめたり、自分もそうだったと受けとめるだけに留まらないで、少人数寺子屋方式チェーンの展開を志す著者が、その寺子屋にかよう可能性があるかもしれない生徒の話に、なぜ大きな脚色をほどこしたかのほうに眼をうつしましょう。ただ、引用文にはもう手がかりがなく、教室風景は著者の体験した四番目の事例なので、他の体験談を見てみます。

他の体験を見る必要

他の体験談に眼をむけるのは、著者の立ち位置をもっとよく知るためです。誰でも自分の生きる世界のなかで、しかも自分の立っている場から考えはじめます。しかしその場は実際には驚くほど狭い。自分の体験したことの意味を知ろうとすると、どうしても色々と調べたり、本を読まなければならない。友人知人にも訊かなければならない。そのようにして全体的な視野が定まったところで語ろうとするときには、それまでの生涯のあいだに蓄積した理解を背景に、特定の時と場に立つひとりの人間として語りはじめる。著者とて同じです。著者がどのような場に立って考えているかを知るためには、その特定の場での体験を見ておく必要があるのです。

(6) 授業参観・好き嫌い・誤字——著者の他の体験から

事例①　『下流志向』で最初にでてくる事例は、著者が自分の子どもの授業参観に行ったときのことです。兵庫県芦屋市立の中学校の授業参観へ初めて行ったとき、ずらっと親がならんでいるまえで、生徒たちが居眠りしたり、おしゃべりしたり、マンガを読んだり、ふらふらと立ち歩いているのを目撃したとのことです。どういうことなのか、よく意味がわからないので、あとで子どもに訊いてみたら、「授業参観だったから、みんないつもよりおとなしかった」と答えたそうです。

この体験談は「教室での一斉授業不成立」という事項に属する、新たな事例の報告と受けとめられます。著者はすでにマスメディアを通じてよく知られるようになった事実を、自分でも体験して語っているからです。この状態が常態化しているかどうかを、全国的規模で確定的に言える人はいないでしょうが、この体験から著者は、小学校のかなり早い段階から、学習する習慣が身につかなくなった子どもたちが出てきている、という一般的な傾向に話をもっていきます。これもまたすでにかなり伝えられている事実ですから、著者独自の判断と受けとるよりも、現状報告の一部と理解するほうが適切です。

問題はその先にあります。なぜそうなったかがわかれば、対策を工夫できるからです。しかし、その場合、家庭のしつけ、学校にたいする親の態度、教師を見る親や子どもの価値観、地域の特性、教員の能力、授業方法、文科省の方針など、少し考えただけでも種々の原因が複合していることが予測され、簡単な対策はないことがわかります。

事例② 第二の事例は、著者が自分のつとめる女子大学で学生に課したレポートの話です。書いてくる文字は小学生のような丸文字がほとんどで、内容も一昔前なら小学校の高学年程度というのが全体の半分ほど。「小学生的」とは、自分の主観的な「好き／嫌い」と「わかる／わからない」がほとんど唯一の判断基準になっているという意味で、著者が集中講義をおこなっている国立大学でも、最近ではさして変わりがない、とあります。

これも現状報告です。この体験談は「大学入学者の学力低下は、実際に教育の現場に立っていると、しみじみ実感されます」という言葉のあとに挙げられています。たしかに、現場に立っていれば、しみじみ実感される事態でしょう。ただ、この報告の内容を受けとめるときには、大学進学率の上昇や、大学が入りやすくなったことなども、考慮に入れて考える必要があります。

それだけでなく、この体験談では、見えやすいところが見えている、と受けとめておく必要もあるでしょう。「学力」とはなんぞやと問うなら、本当に学力が低下しているのか、根本において学生の判断力が低下したと言えるのかをうたがうことも可能だからです。

それでも、高校までの授業ないし勉強がかなり空回りしていることは、一般的な傾向と認めてよさそうです。しかし、その理由を考えると、事例①と同様に、対策を見つけることは容易ではありません。

またこの事例の場合には、もっと大きく、長期的な視野から考えることも必要です。なぜなら、「好き／嫌い」と「わかる／わからない」で判断する点では、大多数の大人もさして変わりがないからです。まともな文章が書けないということも、四十代、五十代の大人にまであてはまります。仕事で必要な文書が書けない人はめずらしくない。部下が報告書ひとつまともに書けないと嘆く上司は数多い。それもこれも、結局は、生徒の好き嫌いを育てて、第三者も納得できる文章を書けるようになるまでの訓練を、日本の教育が制度的におこなってきたのか、という問題に帰着します。

事例③ 第三の事実は著者がレポートで眼にしたふたつの誤字に関わります。最初の誤字は「精心」で、見れば変だと思うはずだが、そう思わないのが不思議だ、という趣旨の感想がしるされています。もうひとつは「矛盾」が「無純」と書かれていた点です。書店の店員が客の注文した書名を書けないことが話題になったのはずっと前のことで、誤字や脱字がふつうになっている現在、この「精心」と「無純」の指摘もまた、現状報告に入ります。しかし、それに続く部分は著者独自の考察です。見てみましょう。

(7) 知らないことは存在しないことにする――著者の考察

この「無純」は単なる誤字と受けとめるべきではなく、字義にそって考えれば「純ではない」という事態を示している。彼女はこの表記を自力で考えだしたことになる。問題はそれほどの知力を持っていながら「矛盾」という表記を再現することができないという点にある、と指摘して考察をはじめます。このふたつの誤字には、日本人の漢字の受けとめ方にかんして、なお考えるべき余地がありますが、それは補講にまわして著者の考察を追いましょう。学生が誤字をしるした理由について、著者は次のように述べます。

無知のまま生きることへの不安

——読めても書けない漢字があることは、私にもめずらしくない。しかし、学生がこれまでの二十年間、「矛盾」という文字を読まずにすませていられたとは考えがたい。マンガ、ファッション誌、情報誌など、文章はたくさん読んでいるからである。そうであれば、いまの学生はわからないことがあっても気にならず、この文字を読みとばしていることになる。世界そのものが穴だらけで、新聞の外交面や経済面では、たぶん全体の三分の一くらいが、意味不明の文字でうめ尽くされているのだろう。意味がわからないことにストレスを感じないという点を説明できるロジックはひとつで、自分の知らないことは存在しないことにしている、としか考えられない。無知のままでいることに生きる不安を感じずにいられる、この事実が「学びからの逃走」という論件を考察する手がかりになる——。

この説明中の「学びからの逃走」は佐藤学著『学力を問い直す』(二〇〇一年、岩波書店）からの借用で、今や学ばず労働しないことを「誇らしく思う」などと考える新しいタイプの日本人、新しい世代集団が生まれつつあるが、これがどのような歴史的文脈から生み出されてきた現象なのかが本書の第一の論件である、という言葉を受けています（労働にかんする部分は以下で除外します）。これで著者が大きな視野から自分の体験談を語っていることがわかりますが、引きつづき「世界が穴だらけ」の考察を検討しましょう。

誤字の発見から発展した考察で学生の状態に読みとった「わからないことがあっても気にならない」と「世界そのものが穴だらけ」とは、おそらく事実と認められるでしょう。しかし、この事実を考えるときにも、注意が必要です。

「世界が穴だらけ」を作る受験

学生のころは知識や理解が穴だらけになっているほうが普通で、それは功罪あいなかばします。学生のころまでは、関心のある分野を深めようとすれば、いきおい他の分野は手薄になるので、何かに強く惹きつけられる学生ほど、他分野の知識や理解は穴だらけにならざるを得ません。著者のあげる学生はこのタイプに属さないようですが、誤字をしるした学生も自分なりに考えられるようになっている点を考慮するとき、著者の学生評はこのような学生たちをうまく導けずに苦慮している教員の、嘆息に聞こえてきます。

そもそも一人の人間があらゆる分野について一通りの理解をもつこと自体が不可能です。それなら、著者は大学教員なのだから、ただ学生たちが「無知のままでいられることに生きる不安を感じずにいられる」と指摘するだけでなく、世界が「穴だらけ」になった原因として、大学入試の在り方も検討したほうが、「学びからの逃走」の原因を解明することに役立ったでしょう。学生の読みとばし能力を養成することに最も貢献してきたのは、じつは大学入試だったかもしれないからです。現在の大学受験の国語や英語の問題に対処する訓練を数年つづければ、わからないことがあっても気にならず、理解できない情報を読みとばすようになるのは、当然にすぎるほどです。

なにしろ十八歳前後の生徒の知識と理解ではとらえられない内容を盛った文章が突きつけられます。それは特に、いわゆる論説文ではなはだしい。わからない部分は、活字が眼に入っていても、意味ある語句になっていないから、その部分が空白になる。わからない部分を除外すると、結果的に、問題文は穴だらけになる。学校でも予備校でも塾でも、わかるまでの説明は聞いたことがない。受験生にもわかる説明をするためには、教師に非常に高い能力が要求され、しかも受験生にはまだその説明を受けとめるだけの力がない。わかるまでの説明は聞かないほうが受験では当たり前なのです。

極端な場合、そして往々にして、説明されることと言えば論述の型を見ぬく技術で、設問には型を見ぬいて正解をだせばよいだけになる。英語もまた同様。英語の試験がほとんど推理パズルに取りくむ数十分になっている受験生を実際に数えたら、膨大な数になるでしょう。わかるまで考えていたのでは合格できない。わからなくてもよいから正解をだすことを求められる。世界が穴だらけにならないほうがかえっておかしいわけです。

さらに深く踏みこむために

そうであれば、学生たちが知らないことは存在しないことにして毎日をすごしているとしても、何ら驚くべきことではありません。自分が知らないでいる夥《おびただ》しい数のことを知ろうとしたら、誰であっても身が持たないということまでここで持ちだすこともないでしょう。やはり「世界が穴だらけ」の考察は、教員としての著者の嘆息と受けとめておくのが無難です。

著者の考察がこのように受けとめられる結果になったのは、視野が学生の欠点にとらわれて狭くなっただけでなく、（これまで見たかぎりでは）考察がまだ学生の言動に深く踏みこむところまで進んでいないからです。道場の話とのあいだにある落差を強く感じさせる結果です。学生が「知らないことは存在しない」状態になるまでのプロセスや、「穴だらけ」の状態が解消するプロセスにまで視線がおよんでいれば、考察もおのずから違う結果になり、論件の解明にも役立ったことでしょう。

一旦のまとめ

これで三事例の検討が終わったので、ひとまず内容を手短にまとめることにします。事例①は容易な対策はない、事例②は大いに工夫の余地があるが、その工夫は小学校からはじめなければならない、事例③は大学入試までの教育体制の在り方を考えるだけでずいぶん変わる余地がある——おおよそこのように整理できます。

次に、話の対象と場を共有しているかどうかに着目するなら、これまでの検討から著者の立ち位置がある程度見えてきます。事例①で著者は授業への参加者ではない。参観者だからこれは当然です。事例②と③では、著者は自分の教える学生にたいして観察者の立場にあり、学生と場を共有していない。この点は大切です。

最後に、検討した内容全体をふりかえると、著者の考察はまだ論件の解明からほど遠い段階にあるようです。しかも、引用文に「バザール」や「値切るぞ」がしるされていた理由の説明も得られなかったところを見ると、こうした語句は著者が自分の体験以外のところから導きだしたと考えざるを得ません。

結局、体験談にもとづく著者の考察が、論件を解明する充分な手がかりにも、引用文の説明にもなっていないとなると、例の「予断」が色褪せてくることは止めようがありません。その色褪せた予断を透かして引用文をながめるなら、どの程度かはわからないが、不活発な教室の授業風景が見えてきます。その風景は、中学校や高校ならむしろ普通の風景かもしれません。その風景のなかにあらわれる生徒たちは、わざわざ「新しい世代集団」というほどのものではないかもしれないのです。

それだけではありません。「第一の論件」の言い方を踏襲してよいなら、その中心をなす「学習と労働について、これまでとは違う考え方をする新しいタイプの日本人、新しい世代集団が今生まれつつある」という命題自体が、「どの世代もそれ以前の世代から見れば新しい」という、もっと包括的な命題の特殊な場合とすら見えてきます。

手を広げすぎた「第一の論件」のほうはともかく、著者自身の体験談にもとづく生徒や学生の説明にも、人を納得させる力がとぼしいことは否定できません。道場の話と引用文とのあいだにある落差を解消する論理を、著者はまだ見つけていないのかもしれません。

それなら、引用文の文章は金銭の多寡によって物事の価値をきめがちな世相にたいして過剰に、それも歪みをともなって反応する子どもたちが著者の考察を呼びよせた結果なのでしょうか。「等価交換」をもちいた著者の説を検討する番です。しかし、ここまでの検討自体がだいぶ長くなっただけでなく、その検討もまただいぶ長くなりそうです。ここで一息入れましょう。

以前、東大病院に研究医としてやってきたドイツ人から、日本の教育は漢字の勉強と同じで、einfach so（ただ単にこう憶えなさいというわけね）、と皮肉まじりに言われたことがあります。日本にやってきて、はじめは日本語学校で一ヶ月ほど日本語を勉強したけれども、さっぱりわからず困っていたときに私と知り合いになり、たがいに日本語とドイツ語を教えあうようになってからしばらく経ったころのことです。

漢字の勉強の仕方

これでは日本の教育と学問と伝統がからかわれたことになるとばかりに、藤堂明保著『漢字語源辞典』（学燈社）を利用して個々の漢字を字源から説明しはじめたら、理由や原因がわからないと気のすまない傾向の持ち主だったためでしょうが、このドイツ人はがぜん漢字と日本語に興味をもちはじめました。勉強はこうでなくてはならないとばかりに。

同じような教育を小学校で実践して、大きな成果をあげている先生がおいでだと新聞で読んだことがあります。しかし、残念なことに、ほとんどの子どもは今なお単に漢字の書き取りで漢字を覚えているだけなのだろうと推測します。それでも、前講の事例③で著者のあげた学生の例は、大学生にもなれば、自分なりに頭を動かすようになるという例証です。その学生の書いた漢字をここで検討してみます。

「精神」を「精心」としるすことは、現在の漢字の用法から見ればたしかに誤字です。しかし、ただ誤字と言ってすまさないで、なぜ誤字なのかと考えてみましょう。

字義からの確認

すると、「精神」と「精心」との違いを、個々の漢字の字義から説明しなければならなくなります。残念ながら、日本語を母語とする人のなかで、その違いを適切に説明できる人が現在どれほどいるのか、はなはだ疑問です。慣用として知っているから間違いなく書けるが、なぜ日本語で「精神」と呼んでいるものを「精神」と書きしるすのかを説明できる人は、非常に少ないでしょう。「精神」と「心」の語義はどう違うのか、双方の違いを的確に説明できる人がどれだけいるのかとなったときも同様です。

問題がこのようになったときには、「精」と「神」と「心」のそれぞれを字源から説きおこすことで、「精神」と「心」の違いを説明することが、ひとつ方法として可能になります。しかし、字源から得られた意味は、必ずしも現在もちいられている意味を充分に説明するわけではありません。

そのため、欧米語を意味の基準にとり、「精神」は英語の mind の訳語で、「心」は英語の heart の訳語である、と説明する人がでてくるかもしれません。しかし、では mind と

heartの違いを知らなければ、日本語を母語として生まれ育った人は「精神」と「心」を適切にもちいることができないということになるのか。

欧米語での意味を知っておく必要のある言葉は意外に数多くあります。現在の日本語には、「会社」や「社会」や「文化」など、生活のなかでごく普通にもちいられる言葉のレベルにも、翻訳語が入っています。その意味は生活や学校の勉強をとおして一応わかっていても、物事を自分で組織的に考えようとすると、欧米語における意味を語源から探る必要が出てきます。その意味では、mindとheartにもどして違いを考えることはそれなりに意味があります。

しかし、そうなると、今度は欧米語における意味と日本語の意味のずれが問題となってきます。欧米語の語彙で日本語の「心」にぴったり対応する語はないからです。

問題の核心

このずれでまた「百姓」のときと同じ問題がでてきます。「精神」と「心」の違いを問うことは、単なる字義や語義の違いではなく、根本的には、日本語を母語とする人が「精神」や「心」と呼びならわしてきた対象をどのように経験してきたのかという問題になってきます。それが実は何より大切な点ですが、この問いがでてくると同時に、誰もが立ち往生します。この違いを的確に説明できる人がどれほどいるのでしょう。そもそも、いるのでしょうか。

自分の「心」なら自分が一番よく知っている、と思っている人が多いことはまちがいありません。しかし、本当に自分の心を知っているのかと自分自身に問い質したとき、誰でも答は逆になります。さらに、では「心とは何か」となったとき、心は謎となります。考えようとしたとたんに、頭は空を切るだけになります。

「神」も同様です。現在の大多数の学生にとって、「神」は単なる言葉のひとつでしかありません。しばしば用いられる言葉だから、どの学生も一応のところ言葉としても漢字としても知ってはいるでしょう。しかし、宗教上の神ほどわけのわからないものはないと言えるほど、これは生活のなかで経験できないものです。この点では大人も同様です。

実感できるものといえば、何といっても心です。それなら、「セイシン」という音声で聞きなれている言葉を漢字で書く必要が生じたとき、学生が「精心」と書いたとしても、この字もまた「自力で考え出した」ということになります。

翻訳語の工夫に似た「精心」

用字の点で注目すべきことはもっとあります。この誤字が書かれるまでに推測される、以上の過程に、幕末から明治にかけて欧米語の翻訳にたずさわった人たちの思考と同じような工夫が認められるのです。

一例をあげます。現在もちいられている「権利」は、英語の right や、それに相当するオランダ語やドイツ語からの翻訳語ですが、福沢諭吉は当初これを「通義」と訳しています。「世間一般に通用する道理」のつもりです。福沢はのちにこれを「権理」と訳しますが、そのときには right に「力による支配の排除」を読みとっているようです。

漢字「権」は、名詞なら「重さをはかる秤の分銅」、動詞なら「重さをはかる」が基本義なので、重さをはかるように「理（物事の筋道）をはかることで得られるもの」と考えたのでしょう。国民のライトを考える場として「世間」は狭いことも考慮されたと推測されます。right の理解が変わったために、訳語が変わったわけです。

それなら、現在の「権利」は、「利をはかることで得られるもの」と理解されたからだろうという推測がつきます。そのときには、自分の「利（都合よくはこぶこと）」をもとめるのは、人間本来の性質にもとづくという考えがあったと推定されます。その性質を良いと受けとめるか悪いと受けとめるかの違いも、考えられたにちがいありません。

訳語を工夫した人々が自分なりに考えて訳語を決めた点が、「精心」と相通じるところです。そして、理解が違うと訳語も変わり、どれが right のもっとも適切な訳語かを決定しがたくなる点を考慮したとき、「精心」もまた、現在の慣用とくいちがうから誤字と認定されるだけのことではないのか、という疑問がうかびあがってきます。

漢字を正しく書けることが望ましいことは言うまでもありません。しかし、なぜ正しいのかも知らずに書けるようになっても、それほど褒められることではない。現実の事態を明らかにしようとして物事を組織的に考えようとなったとき、これまでに受けた教育のままでは、基礎的な字義や語義から考えを展開することができません。誤字を書いた学生の話は、自分の勉強不足を思うにつけ、漢字の勉強は小さいころから、もっと別の勉強の仕方があるのではないかと思わせてくれる事例です。

第三講　事実と判断——ある教室風景を題材に（続）

事実と判断の区別、その基礎としての事実の認定の適否、前講でこの二点を課題としたのも、結局は、文章を的確に読むためです。実際にその適否を判定するときには、文章をしるした人の頭のなかを覗くことも必要でした。そのような配慮のもとに引用文を検討してみると、明らかな予断がみとめられました。しかし、その予断がどのような現実にもとづいているかを知ろうとすると、著者の立っている現実にも眼をむけないわけにはゆかない。そのためには他の体験に眼をむける必要がでてくる。

それでさらに三つの体験談を検討したのですが、著者の立ち位置についてわかることがあったとはいえ、著者自身の考察が充分に進んでいないこともあって、予断の出所はまだ解明されていません。ですから、その根拠となる「等価交換」の検討に入りましょう。それで検討対象として残る「値切るぞ」などの言葉がでてきた理由も明らかになるでしょう。

(1)「等価交換」説の展開

「等価交換」をもちいるときに著者の提示する基礎事実は、自分の体験ではなく、諏訪哲二著『オレ様化する子どもたち』(二〇〇五年、中公新書ラクレ)にあげられている実例です。高校教員が生徒の行動を経済上の「等価交換」で説明したこの本は、戦後を三期にわけ、第三期とした「消費社会的」(一九七六年から現在まで)とあり、共同体的なものがほぼ消滅しつつある)時期を、「オレ様」(「自己をほかの自己と比べて客観化することがむずかしくなり、自己に閉じこもるようになり、自我が外からの攻撃に弱くなった子ども」)の登場する時期にしています。以下に、著者が自分の文章に導入した実例と説明を要約して紹介します。

——八〇年代から九〇年代にかけて、日本の学校の様子ががらりと変わってしまった。たとえば、「私語をやめなさい」と注意すると「うるせえな、聴いてるよ」と言う。トイレで煙草を吸っているのを見咎めて「こら、煙草を吸ったろ」と言うと、煙草をもみ消しながら「吸ってねえよ」と言う。子どもは自分の行為のなかで、自分が認定しているマイナス性と、教師側が下すことになっている処分とをまっとうな「等価交換」にしたいと「思っている」。……学校が「近代」を教えるべく「生活主体」や「消費主体」としての自立の意味を説くまえに、すでに子どもたちは立派な「消費主体」としての自己を確立している——。

著者はこのような内容を引用してから、その「等価交換」を借用して小学一年生に適用し、子どもたちの変化の過程は以下のような筋道になっていると述べます。この①〜⑧は実際の文面から論理の骨組みだけを引きだしてあります。論理は骨格が大事だからです。

① 小学校一年生の教室でひらがなを教えようとすると、子どもは「先生、これは何の役に立つんですか」と質問する。

② 今の子どもたちは、学びの場に立たされたとき、最初の質問として「学ぶことは何の役に立つのか」と訊いてくる。ある意味で非常にビジネスライクな質問である。

③ この問いには一理ある。子どもたちは数十分教室に座っている「苦役」にたいする対価をもとめている。「苦痛」や「忍耐」という「貨幣」を教師にはらっているから、どのような財貨やサービスが「等価交換」されるのかを彼らは問うている。

④ このような問いに答はない。教育制度の想定外だからである。

⑤ 勉強すると「いい学校」に入れるし「高い給料」がとれるなどの大人の答は逃げで、驚愕のあまり絶句するのがまっとうな対応である。

⑥ しかし、大人から絶句や無内容の答を引きだすことは、子どもにある種の達成感をもたらす。

⑦ 以後、子どもはあらゆることについて有用性を尋ね、その答が気に入ればやり、気に

入らなければやらない、という採否基準を身体化する。

⑧「等価交換する子どもたち」の誕生である。

以上の①〜⑧が、「バザール」や「値切るぞ」という言葉と同一の発想から展開されていることは、すぐ気づかれたことでしょう。この①〜⑧は『オレ様化する子どもたち』にはなく、著者が独自に展開した論理です。ただ、その展開で事実と言えるのは、起点の①だけです。しかも、この起点は小学一年生の教室に想定される、他の事柄との連関から切りはなされて考察されているので、論理として成功しているとは言えません。

なぜこのような論理を展開したのかと考えると、著者が『下流志向』で意図していたことを考慮に入れる必要がでてきます。著者にはこの本で——表題が示唆するように——現在の日本社会の危機的一面を説明しようという意図があります。この①〜⑧の論理展開はその一環で、しかも極端な図を描こうとしていると見られます。ここでは、そう受けとめることにして、①から検討してみましょう。

仮想論理　①は内容自体に疑問があります。嫌だなあ、と思いながらひらがなの書き方を勉強する子はいても、このようにひらがなの勉強にたいして有用性を問う小学一年生が、一般化できるほどたくさんいるのかどうか。また、いるとしてこの疑問を自力で考えだしたのかどうか。

子どもはふつう周囲で見聞きする言葉をなぞることで言葉を覚え、同時に現実認識を得てゆきます。しかもこのなぞりは実際には大学までつづきます。現在の制度教育では、実質的に教育をうける全期間にわたるわけです。状況にそくした言葉が子どもの口から出てきたとしても、それがそのまま子どもの本心であるとは、必ずしも言えないことをまず確認しておきましょう。

次に、①の事実を考えるときには、やはり、有用かどうかの意識がひろく浸透した現在の社会のなかで、子どもは家の内外で「役に立つ」や「役に立たない」という言葉を頻繁に聞きながら育ってゆくことも考慮に入れる必要があります。その場合、なぞるべき手本の代表である親が、ひらがなを学ぶ有用性を問うことは考えがたいでしょう。有用性を適用する対象が、一般の場合と大きくかけ離れているからです。大人が関連を見つけていないところに小学一年生が関連を見つけ、ひらがなを学ぶ有用性を問うことは、さらに考えがたくなります。①の文は、今ではふつうに聞かれる「役立つ／役立たない」という言葉を、小学一年生とひらがなの学習に無理に結びつけたものかもしれません。

仮想事実　そう考えると、①の事実は⑧の結論をみちびくために導入された、架空の事実だった可能性すらあります。ふだん遊び場にしている神社の境内で、鳥居をくぐるときにペコッと頭をさげる子どもたちも、同じように質問するのかどうか。この頭をさげる動作も見よう見まねからするようになったのでしょうが、⑧にいたる推論はそもそもの起点に問題があります。

著者はその起点①を②のように言いかえます。この言いかえで著者は、個別の事柄から一般的な事柄へと、さりげなく問題をすりかえます。しかし、この②でもまた、小学一年生の子に、学ぶことの意味を問うほどの知力がそなわっているのか、という点が問題になってきます。このすり替えは、それ自体として考察するのではなく、「ビジネスライク」という語をもちだすための準備と読むほうが理解しやすい。もちろん③で「等価交換」をもちだすための布石としてです。

検討の結果　以下、結論にいたるまで検討する必要は、もうないでしょう。現実の連関をとらえる試みとして見るかぎりでは、①~⑧は成りたたず、著者の論理は破綻しています。子どもが有用性を問う世相に染まっていることは一般に認められる傾向かもしれませんが、その傾向を「等価交換」によって説明しようとした著者の工夫は、功を奏さなかったと言わなければなりません。

ここで不思議に思うことは、著者は自分の道場にかよう子どもたちも、①のように語ると考えていたのかどうかです。物事の一面を極端に描くことで危険な兆候や危機をつたえることは、手法のひとつにあります。現在の社会の危機を説明しようという意図との関連でみるなら、以上の①~⑧もそれなりに受けとめることができます。この工夫は、多くの人が感じている、原因を特定できない不快感や不満に応えてもいるでしょう。しかし、現実の連関から遊離した論理を展開することは、おそらく真意に反していたでしょう。

(2) 問題提起を現実に差しもどす

「何の役に立つか」の有効性

教育の現場でおきていることを「等価交換」によって説明しようとした著者の工夫がうまくゆかなかったので、問題は現実に差しもどされたことになります。それでも、その現実のなかで、「これは何の役に立つんですか」という問いは、なお有効性をたもっています。教育の現場ではあいかわらずこの趣旨の言葉がくりかえされているからです。

ただ、生徒は、個個人の違いは別として、毎年ちがいます。五年もすると、かなり違ってきます。そのため、同じ「何の役に立つか」でも、『オレ様化する子どもたち』の生徒たちが学校にいた二十〜三十年前と現在とでは、こめられた意味も背景も、かなり違っていると考えなければなりません。

そう考えたときに大事なことは、この時期的違いを無視して事態を解釈することではなく、問いに含意されるものを現実にそくして理解することです。あるいは現実のなかに存在する意味を掘りおこすことです。その場合でも、現実との相関のなかで言葉の内容を考えるということが基本です。

まず時代背景に眼をむけることから、この問いを考えてゆくことにします。

八〇年代に何が起きたか

「これは何の役に立つのか」という問いの背景を考えるとき、『オレ様化する子どもたち』で、それまでの子どもとは断絶と言えるほどの変化の生じた時期が、「八〇年代から九〇年代」だった、と指摘されていたことはとても示唆的です。しだいに過熱していった受験が、九〇年を過ぎたころにピークに達して、一部では狂騒的な雰囲気まで出ていたころだったからです。

この時期の児童・生徒の心理状態が、学校や勉強とのかかわりでどのようだったかを詳しく調べた調査や考察で、多数の人が納得するものを出すことは、ほとんど不可能でしょう。それでも、次のような推測は、ひとつ可能だろうと思われます。つまり、親や教師をふくむ大人の世界から自分を勉強にむかわせる大きな圧力を感じとっていながら、大人たちが深く考えているようでもなく、力がやってくる背後にも大人の説明にも、意味あるものを何も感じとれなかったとき、その圧力を相殺するために「大人がそうなら自分も」と子どもが考えた可能性はあるのではないか、と。

この「大人がそうなら自分も」は、背後に失望があると受けとめれば、わかりやすいかもしれません。信頼するという意識もないままに（そしてその意味で全面的に）信頼してきた親や先生が、その信頼にこたえるだけのものをもっていないと子どもが感じとったときの失望や落胆です。場合によっては、無条件によせていた信頼が、裏切られたという気持ちを読みとる必要もあるでしょう。信頼の度合いが大きければ大きいほど、反動が大きいことも考慮に入れなければなりません。こうした失望や落胆から「大人がそうなら自分も」へは、ほんの一歩です。

生徒が見えなくなった時期

その可能性が明らかに高くなるのは、よい学校に入れれば大企業に入れるから、高い地位に就けるから、高い給料をもらえるから、といった親や教師の説明に納得できなかった子の場合です。勉強しても思わしい成果が得られないため、納得のしようがなかった子の場合も同様です。以上にくわえて、社会現象として取りあげられる問題が、一般に氷山の一角であることも考慮しましょう。

すると、経済的基盤の大切さが身に染みていない子どもの場合、素直に勉強している子にも、いわゆるラーニング・マシーンになった子にも、徐々に、本人も気づかないうちに「大人がそうなら自分も」という態勢が萌していたと推測することが可能です。生徒指導のベテラン教師がどこでも「生徒が見えなくなった」と表現していたという「八〇年代から九〇年代」を受けとめるときには、そのように用心しておくことが必要です。

この用心は一応可能であるとして、厄介なのは中身です。内心で「大人がそうなら自分も」と思ったとき、実際にどのような考えが生まれていたのかは、当人にもなかなか言葉にできなかったと推測されるからです。内心で感じていることを的確に言葉で言い表すことは、大人でも容易ではありません。ましていわんや中学生や高校生なら、そのむずかしさは何倍にもなっていたでしょう。そのときの状態を想像しながら、可能な内容をいくつか考えてみます。

(3) 「大人がそうなら自分も」が示唆するもの

「大人がそうなら自分も」とは？

まず、この態度とも気持ちとも言えない未分化なものが、「大人も意味がわかってないなら、自分もわかることなんてやめよう」となっていた場合が考えられます。次に、「大人がひたすら点数をもとめるなら、勉強は点数をとればいいんだろう」という考えになった可能性も考えられます。煙草をもみ消しながら「吸ってねえよ」と言った生徒の場合なら、「恰好だけでいいんなら、吸ってねえ恰好すりゃいいんだろ」と考えていた可能性も想定できます。

自分の認定するマイナス性と、教師側がくだすはずの処分との「等価交換」は、このように、「等価交換」という語をもちいずに受けとめることもできるわけです。あるいは逆に、以上の可能性すべてが等価交換の実践だった、と受けとめることも可能です。もちろん、その場合の等価交換に、経済的な損得は何の関係もありません。

以上の可能性にくわえて、彼らのおかれた状況が、歴史的に見て、日本人が体験した新しい事態だったという点も考慮に入れる必要があります。

戦後一貫して上昇した高校進学率がピークに達したのは、八〇年ころです。大学進学率は七五年ころに一度ピークに達しています。こうした進学率上昇の理由としては、戦後はじまった普通教育の普及や、未曾有の高度経済成長による中産階級の拡大があげられるでしょう。いわゆる高等教育の場である大学への幻想や、高い社会的ステイタスと安定した収入を子どもに得させたいという親の願望・欲求などもあったでしょう。

進学率が上昇すれば競争が激しくなり、それやこれやが相俟って進学熱を煽り、子どもに大きな圧力となってあらわれていたことは疑いないと思われます。ただ、報道から実情を知ることはできず、調査データは隔靴掻痒の感がはなはだしいので、都市圏と地方での実情の違いも考慮すると、全国的にどうだったかを確定的に言うことは、誰にもできないでしょう。それでも、現場での経験と報告をもとに全体の傾向を推測するところ、この圧力があったことまで疑う必要はないと考えられます。

子どもへの圧力の働き方

その圧力は、仕事と生活の労苦からくる一目瞭然の圧力ではなく、子どもの生活にとっては（結果のあらわれるのが十年も二十年も先だから）直接の必要から浮いたところで作用する、理由が見えにくい圧力です。この性質をもつ圧力が、偏差値による輪切りのため、歪みをともなって作用したことを付けくわえれば、当時の状況の大まかな輪郭が得られるでしょう。「成績（偏差値）だけで人間そのものが判断されるかのような中学の受験体制」という『オレ様化する子どもたち』にある指摘は、生徒たちの受けとめ方を知るときの参考になります。

当時の状況のなかにいた人で、この圧力がもたらす弊害をいち早く感知し、それを他の人も納得できるように説明できた人は、ひじょうに少なかったと推測されます。全体の流れから外れたところで状況をながめていた人なら、これは一体なんなのか、とすら思ってしまったかもしれません。勉強は絶対に必要だが、必ずしもただやればよいというものではない、点数はただ取ればよいというものではない、学ぶということは学んだ事柄を自分の生きるプロセスのなかに組みこむことで、それは自分を変えてゆく忍耐強い努力のもとめられる長い歩みである、と理解している人には、不可解な動きにしか見えなかったでしょう。

ましていわんや、未体験の状況に追いたてられた生徒たちが、その状況を理解しなかったとしても、明確な言葉で自分の気持ちや考えを言い表せなかったとしても、何ら驚くべきことではありません。

気持ちを言葉化できない生徒

この点で注目すべき説明が『オレ様化する子どもたち』にあります。

「中学生たちは自分たちの気持ちや心情、学校や教師への反感をうまく言葉化することができなかった。彼らが頭が悪かったからではない。彼らの気持ちや衝動を表す言葉やコンセプトが当時の社会になかったのである」。

この言葉は、八〇年前後に中学校で対教師暴力として発生した、校内暴力を説明する過程でしるされています。高校に勤務中の「八〇年代半ばに『新しい生徒たち』（まったく理解できない生徒たち）に出会い、まさに茫然自失し、教師としての方向性を見失うような大挫折」をした経験から生まれたこの説明もまた、とても示唆的です。当時の状況を想いおこすとき、「言葉やコンセプトが当時の社会になかった」という指摘は、充分に成りたつと思われます。

その場合、校内暴力もまた、「等価交換」だったことになります。あるいは、校内暴力は等価交換が激化したものになります。その「等価交換」とは、もちろん、自分の認定する学校や教師のマイナス性を、自分の行動によって相殺する、という意味です。「大人がそうなら自分も」にこめられていたであろう態度や考えのどれもが、無自覚な域で実行された開きなおりですが、その開きなおりすべてを「等価交換」と見ることも可能です。

「等価交換」説と別れて

著者のもちいた「等価交換」説は、このようにもちいることもできるわけです。もう経済関連の言葉で説明した比喩や「お話」ではなくなります。そもそも、『オレ様化する子どもたち』から引用された生徒の言葉で、経済的損得や金銭による売買にかかわるものは皆無です。実例を引用したあとに著者の展開した「等価交換」説も、金銭による売買には無関係です。みずから論じ方・話し方でしかないとも明かす「等価交換」説や「予断」にはもう別れを告げ、開きなおらなければ自分をたもてないと思ったと推測される生徒たちの状況に、あらためて眼をむけましょう。

この開きなおりが心的バランスの保持にかかわることはすぐ推測できますが、点数のことを例に考えてみます。

「反映する」のか「取るため」か

点数がつきつける冷厳な事実にめげてしまう生徒や、反対にその事実で眼がさめる生徒がいることは、今も昔も変わりがありません。しかし、この時期から現在にいたるまで、私の経験してきた狭い範囲では、「勉強の結果が点数に反映する」と「点数を取るために勉強する」の違いがわからず、後者が本末転倒であることもわからない生徒がふつうになっています。点数に結びつかない勉強は考えられないのが一般の傾向になっているとすら言えそうです。

これは見るからに好ましい生徒にも当てはまります。めざす大学が社会的評価の高い大学であろうとなかろうと、区別なしに当てはまります。勉強として与えられたものに疑問をいだかないラーニング・マシーンとなってしまった子に見られる特徴が、まったくそうとは言えない子にまで、浸透してきているわけです。しかしこれも、生徒を責めてかたづく問題ではないでしょう。このラーニング・マシーン化は、人として物事の意味に気づく力が育たなかったことを意味するからです。

他方、ラーニング・マシーン化とは対照的な現象も目立ちます。点数をとるため設問に反応することを繰りかえしながら、受験のあとにその反応が役だつ機会はなく、憶えたはずの知識はぼろぼろと記憶から落ちてゆく。いったいあの勉強と努力は何だったのかという疑念と、制度や大学にたいする不信に長年数多く接しているると、表面は無表情になっていながら、内心では疑問や不満を種々いだいている生徒や学生が、当時多数教室に存在していたのではないか、と推測されてきます。

社会システムから脱落する側面

このラーニング・マシーン化と、それと対照的な疑念や不満とは、いわゆる知的能力の違いとは無縁で、法学や商学などの実学を学ぶ学生と理系の学生では、無邪気にあらわれる傾向が強いように感じられます。非常に粗い言い方をするなら、人間のもつさまざまな特質のうちで、現在の社会システムが直接に必要としない部分が自分から脱落したことに気づかないとラーニング・マシーンになり、その脱落が意識されると疑念や不満となって回復を訴えていた、と言えるかもしれません。

この状況は現在にいたるも基本的に変わっていません。と言うより、状況はもっと見えにくくなっています。教育現場の実情を無視して導入された「ゆとり教育」が失敗したおかげで、現在すすめられている「学力増強」の試みが、かつてのように知育偏重と騒がれることはない。しかし、マスコミがその問題を一斉にとりあげた八〇年代に、教育への大きな挑戦としてあらわれた、ものを考えられる学生の養成は、もう話題になることすらありません。

その結果がどうなっているか。

現在の学生からは、以下のような声がよく聞こえてきます。——大学に入らなければ就職すらおぼつかない。入らなければ市民権が得られないようなものである。だから点数をとって大学には入った。これで恰好はついたが、しかしなぜ勉強するのか、何を勉強すればよいのか、これは相変わらずわからない。本当のところ自分が何をやりたいかも、わからない。ただ、大学に入ってから、考えることをしなくなった。と言うより、大学の授業のためには、わざわざ考える必要を感じない。その必要を感じる授業がない——。

「役に立つ」と「意味がある」

一読すると極端な考えのように聞こえるかもしれませんが、学生の言葉によく耳を傾けるなら、実際にこのような声が聞こえてきます。そしてそれを本音と受けとることも充分に可能です。もちろん、そう語りながらなお一部の、それも少数の学生が、必死に勉強していることは事実です。

しかし、このような声を聴いていると、そしてまた多数の学生の生活を見ていると、著者のいう丸文字と小学生的な判断基準の持ち主である学生たちは、自分の主な生活を大学以外のところにもっているのではないか、と想像されてきます。大学の授業をそれなりにこなしている学生たちも、無自覚ながら、自分の知りたいことは他にあると思っているのかもしれません。

このような学生や——それに生徒——を念頭においたときに考えなければならないことは、彼らが「何の役に立つのか」と問うときの真意です。この問いを有用性や経済的な損得だけで説明することは不適切です。生活の資を稼ぐことだけが人生のすべてであるとは思えない年齢期にある子どもたちから発せられた「何の役に立つのか」は、「何の意味があるのか」の変形かもしれないからです。

と言うより、そう考えるほうが筋がとおると思われます。なぜなら、世の中に年齢の如何をとわず損得勘定に長けた人がいることは疑いありませんが――すでに小学一年生のところで指摘したように――有用性を問うことが一般化した社会のなかに生まれ育ったから、「役に立つ」という言葉が口をついて出ただけかもしれないからです。

自分のもとめるものがまだ混沌としている年齢にある生徒・学生が、自分なりに考えぬいた結果として有用性を問いただしているとは考えがたい。おそらくこのふたつの疑問は渾然一体となったままに抱かれているでしょう。

(4) 意味をもとめる存在

おもしろいことに、著者自身が有用性と意味を、区別せずに話をしています。苅谷剛彦著『階層化日本と教育危機』(二〇〇一年、有信堂高文社)から、「個性を尊重する社会では、自己の内側の奥底にある『何か』のほうが、外側にある基準よりも、行動の指針として尊ばれる」という文を引用したあとです。

著者はこの文面にある「自己の内側の奥底にある『何か』」を「自分の興味・関心」と言いかえ、問題は「自己に外在的な目標をめざして行動するよりも、自分の興味・関心にしたがった行為のほうを望ましいとみる」点にあると述べます。この発言が現在の世相を踏まえていることは明らかです。これに続く「かりにひろく社会的に有用であると認知されているものであったとしても、『オレ的に見て』有用性が確証されなければ、あっさり棄却される」も同様です。

「有用性」と「意味」は同じか

以上の発言の核心は、自分の興味・関心で有用性を判断する、つまり役立つかどうかを判断する、にあります。これまで何度もでてきた「役立つ／役立たない」です。しかも、この発言は「行動の指針」として何が重要視されているかを問題とする文を引用したあとなので、著者は「興味・関心」と「有用性」の双方を「行動の指針」という同じ枠のなかに入れていることになります。

この自分の興味・関心による有用性の判断は、そのあとの「そのような手荒な価値付けがあらゆる場面で行われています。それが教育の崩壊のいちばん根本にあることだと思います」では、「手荒な価値付け」と言いかえられます。「興味・関心」と「有用性」と「手荒な価値付け」はここでワンセットになっています。

同様のことが他の箇所にもあらわれており、それにも『階層化日本と教育危機』がかかわっています。それは次の一節――「なんのために勉強するのか」「この知識は何の役に立つのか」――教育改革や子どもたちの学習離れをめぐって、このような問いが頻繁に登場するのも、裏返せば、各人にとっての学習の意味が問われているからであり、意味ある学習が求められているからである。しかし、実のところ、そもそもこうした問いにだれもが納得のいく解答などあるはずがない。……「面白くて役に立ちそうな」授業が求められるのは、性急に各人にとっての意味を求める問いが社会に充満していることの裏返しである。――という一節を引用したあとです。

このように「意味」をもとめる世相が批判的に述べられている一節を引用したあとに、著者は「僕自身も大学で繰り返し同じ問いを向けられます。『これは何の役に立つんですか？』という問いが、ほんとうに無邪気に、最優先のものとして学生たちの口から発せられる」と記します。ここでは意味と有用性が同一視されています。

著者が意味と有用性を区別していないことは明白です。しかしこの二者は区別しましょう。そして、子どもたちの発する「何の役に立つか」という問いには、根本に「何の意味があるか」という疑問があると受けとめ、「有用性」ではなく「意味」のほうが包括的であると捉えましょう。しかも、その「意味」は、学習や勉強に限定しないでもちいましょう。子どもたちは生活のなかから問いを発しているはずだからです。

考察の焦点

意味と有用性の関係をこのようにとらえなおすなら、問題の根本がどこにあるのかを明らかにしようとするために、考察の焦点を『階層化日本と教育危機』から引用された「性急に各人にとっての意味を求める問いが社会に充満している」という指摘にしぼってもかまわないと思われます。

その場合、マスコミの過剰な報道はさしひくとしても、各人にとっての意味をもとめる問いが社会に充満しているから（裏返せば、この問いに答えられないほど、現在の社会には意味が欠けているから）、著者はその問いに答えるべくストーリーを作ったのではないか、と推測することが可能になります。

もちろん著者も意味をもとめる存在だからです。ストーリーを作るということは、意味ある連関のなかに現実の事態をまとめることです。たとえそのストーリーが意味をもとめることに批判的なストーリーであっても、その一部に歪みが生じても、ストーリーを作ってみないと、だからその前に「理解の枠組」を作ってみないと、自分でわかるようには事態をとらえられないのです。

結局著者は、引用文にいたるまでの過程で、教師生活をふくむ自分の経験を核とし、幅ひろい見聞と読書を背景に、数冊の本を参照して「理解の枠組」を構成してから、教育をとりまく現状を説きあかすべく、ストーリーをひとつ作った、ということになるでしょう。

工夫の尽きるところ

その結果が現状の戯画となった理由を推測するとき、教員ひとりの力では如何ともしがたい大学の現状がうかびあがってきます。学ぶということは母語の習得と同様であり、当初は「自分が何を学んでいるかを知らず、その価値や意味や有用性を言えない」と著者が考えていても、どうすることもできない。教育と勉強の基本であり、崩しようのないこの事実を知っていても、有用性を問う気持ちが学生から生まれるのは抑えられない。現在の大学で、半年か一年ごとに顔の変わる学生たちを相手に、保護される立場から保護する立場へ移行するために（つまり子どもから大人へ移るときに）必要な知識と理解を身につけるプロセスが彼らのなかに開けるよう促すのは、至難のわざです。

これは現在の制度教育がかかえる大きな問題です。学生はまだ学ぶ主体として自立していない。他方で、個々の学生が学びながら成長してゆくプロセスが全体として見えていないと、教師としては適切なアドバイスができない。ところが、制度教育はそれができないように仕組まれている。

現状が教員に強いる苦境

著者が「大学で自分にできることはだいたいやり尽くした気がする」と語るのも、少人数寺子屋方式チェーンを展開したいと考えているのも、おそらくはこのような大学の現状があるからなのだろうと推測します。

その大学のなかで、著者は生徒・学生にたいして、観察者や考察者としての立場を超えられずにいる。『階層化日本と教育危機』の著者と同様に、彼らとのあいだにある距離を縮めることができず、生きる場を共有できずにいる。考察が子どもたちの言動が生まれてくるプロセスにまで踏みこめていなかったのは、そのためでしょう。

前に引用した「僕自身も大学で繰り返し同じ問いを向けられます」という発言は、この現状のなかで苦境に立つ教員の悲鳴のように聞こえます。「そのような手荒な価値付けがあらゆる場面で行われています。それが教育の崩壊のいちばん根本にあることだと思います」もまた同様です。状況に語らせられている側面があることは認めなければならないだろうと指摘した所以です。

このように距離のある観察者・考察者に追いやられたときには、考察自体が途中で立ち消えになってしまいます。「性急に各人にとっての意味を求める」やその「問いが社会に充満している」という指摘自体がそれに該当します。

このふたつの指摘には、意味をもとめる態度に否定的な視線がうかがえます。意味をもとめる問いが「社会に充満」すること自体が歪みである、という認識もうかがえます。その視線や認識の背後に、意味は性急にもとめても得られない、という判断がひかえていることは言うまでもありません。そしてその判断は「自己に外在的な目標をめざして行動するよりも、自分の興味・関心にしたがった行為のほうを望ましいとみる」ことへの批判的な指摘と軌を一にするでしょう。

意味をもとめる存在

学習の意味は、たしかに、生きることの意味と同じように、性急にもとめてもすぐには得られません。しかし、そうであることがわかるまでには、ほとんどの人が性急だった時期を経ているでしょう。それだけでなく、人間が意味をもとめる存在であり、若いときには特にそうであるということは、誰にあっても変えようのない事実です。そのとき、勉強の目的や知識の有用性にかんして、「だれもが納得のいく解答などあるはずがない」と記すだけですむのかどうか。とびきりの秀才が、博士論文のテーマを見つけられない、何をどう考えてよいかわからない、と嘆く現状はなぜ生まれるのでしょうか。

人間の心にかかわる理解は、ほんのちょっとの努力で得られそうに見えることも、実際には数年かかったり、十年も二十年もかかったりします。特に、二十歳前後にいだく疑問の根本には、生涯かけて解くべきものになる問題が存するほうが普通です。自分の興味や関心だけでは進みきれないのが現実です。そのような問題は意識しないほうが生きやすく、意識にのぼらない場合が多いのも事実ですが、しかし、実際には、生涯かけて解こうという意識もないままに、解くべき努力がはじまっているのが実情でしょう。人によっては長年引きこもったり、いわゆる「自分さがし」をはじめることにもなりますが、それ自体がこの努力の一環なのです。

要するに、一方で自分が納得するまで答をださないという姿勢をたもつプロセスがあると同時に、他方では多種多様な人のあいだでもまれながら、徐々に物事がわかり、自分もわかってゆくという別のプロセスがある。その双方があって当然なのです。意味をもとめる活動は――自分にとっての意味であろうとなかろうと、性急であろうとなかろうと――この両プロセスにつつまれて存在しており、『下流志向』と『階層化日本と教育危機』がその活動の一環として書かれたこともまた否定しようがない。人間が意味をもとめること自体は否定しようがないのです。

この否定しようのない事実から教育の世界をながめるとき、問題の核心は次のように記すことができます。

教育が変わるために

——社会全体として生活水準が上昇し、それによって大多数の人に余裕が生まれた時代に、社会人になるまでの二十年ほどの年月の主要な時間をすごす学校で、しかも直接に見える生活からは浮いたところで圧力を受けている子どもたちのなかに、生活から浮いた欲求が生まれているとき、その欲求を生かすために教育は何をすればよいのか。具体的には、たとえば制度教育の最終ステージである大学の授業にたいして、わざわざ考える必要を感じない、と学生が言わずにすむ教育が実現するためには、どうすればよいのか——。

これは日本の教育がまだ正面からとりくんでこなかった課題です。制度教育がもときた道をたどりつつあるとき、親も、現場に立つ教員も、制度運営の枠を規定する政府官僚も、制度とその運営の在り方を、教え方や知識・理解を蓄積し保持する仕方とともども、現実にそくして再検討すべき時期にきていると思われます。しかも、この再検討は、教育にかかわる者すべてが自分をふりかえることから始めなければ、意味ある成果をあげることができないと推定されます。

補講3　文章は読むことから

　本の読み方はひとつではなく、読み慣れるにつれて誰でも内容や目的におうじて読み方をいろいろと使いわけるようになってゆきます。しかし、読みはじめの頃、それも特に小説などを好きで読んでいるときには、何を読んでいるという明確な意識もないままに、さまざまな登場人物の姿や情景がうかんでくるまで、ただ漫然と読むほうが優れた読み方と言えるでしょう。そのように読むことは、自分の耕すべき土地を、知らないうちに探しているようなもので、時間はかかりますが、読んだ内容がのちのち豊かな稔りをもたらすはずのものだからです。

読みの原則

　しかし、自分の耕すべき土地が見えてきたら、つまり本当に理解し言葉にしたいと思うものが出てきたら、今度はせっせと頭を動かさなければなりません。そのときには、昔から伝えられてきた読み方で、一字一句おろそかにせず意味を考え、考えたことを書きながら読みすすめる読み方が必要になります。この読み方をつづけるなら、おのずと現実の理解が高まり、頭が動きだし、文章が生まれてきます。第一講と第二講で試みたのは、この読み方にふくまれるプロセスを自覚的に運用した方法です。

と言っても、原則自体は何のこともありません。第一講で、記者たちが網野さんに、なぜ「百姓」が松前まで行くようなことになったのですか、と質問して回答を引きだしたように、理解しようとした文章から、可能なかぎり多くの内容を引きだして、考えることだからです。一字一句に眼をとめて現実との対応を点検するところが違っているだけで、この一字一句の点検が昔から伝えられてきた文章の読み方の原則です。

土地の探求と並行する訓練

ただ、そうは言われても、大多数の人にとっては、この読み方を実践するどころか、大学生になっても、自分の土地がなかなか見つからない、つまり本当に理解したいものが明確になっていない、というのが実情であると思われます。そうであれば、文章を丹念に読めるようになりたい人は、自分の土地を探すことと並行して、同時的に読みの訓練を進めることになります。

これまでの経験から見て、自分の耕すべき土地をさがそうという意識もなく探している人には、ここで挙げた読み方を実際に自分でもおこなうことが欠かせず、またとても役に立つようです。なぜなら、この訓練と土地探しとは別のことではなく、同一の活動の両面だからです。一字一句おろそかにせずに文章を読みながら頭を動かすことを通して、徐々に自分の土地が見えてきます。読むこと、書くこと、考えること、自分の知りたいことが見えてくること、この四者が同時的に進行するわけです。

第一講と第二講自体が実例になっているので、おおよそのことはもう把握されたでしょうが、このように抽象的に、それも手短に読み方や考え方の原則として言われると、最初はすぐには呑みこめないかもしれません。第二講の引用文を例に、具体的に話すことにしましょう。誰もが事実関係を確認できる文章だからです。

原則の適用①
疑問をもつ

引用文の冒頭は「ゼミの学生が教育実習に行くときに、僕も実習校にご挨拶に行きます。そういうときには授業を見る機会があります」となっていました。この出だしから、引用文は大学教員である著者が、自分の立場から、自分の体験と目撃したことを記した文章であることがわかります。ただ、文章が目撃者である著者によって書かれているので、内容が本当に事実なのかどうかは、この段階ではなんともいえません。犯罪捜査で、目撃者の証言は他の証拠と整合しなければ有効にならないことを考えれば、この点はすぐ見当がつくでしょう。

それでも、ゼミの学生が教育実習に行くこと、教員がそれに同伴すること、その際に実習校に挨拶すること、そのついでに授業を見る機会があること、これはどれも現実に想定できる範囲内にあります。わざわざ冒頭の個々の文面を疑う必要は感じられません。ここまでは何の抵抗もなく、すんなり読める内容です。行を追っていくうちに眼に入る「のろのろ立ち上がり」や「気のない声で号令をかける」も、誰にでも心当たりがあるので、ふむふむと思いながら読めるでしょう。

しかし、「これ以上だらけた姿勢を取ることは人間工学的に不可能ではないかと思われる」という箇所までくると、変だ、という気持ちがわいてくるはずです。こんなに極端に言わなくても、と思う人がいるかもしれません。著者はふざけてるな、と感じる人もいるかもしれません。

このように、文章を読んでいるうちに違和感や疑問をいだけば、著者は何を考えているのだろうか、という疑問がわいてきます。この疑問を解こうとすると、「著者の頭のなかを覗く」ことになるわけです。読んでいるうちに自然に違和感や疑問がわいてこないときには、意図的に個々の語句に、「それは本当か」と問いかけてゆけば、同じ結果になります。

こうして、「一字一句の点検」という原則を実際に個々の文章に適用すると、まず著者とその念頭にあるものを捉える作業になります。

原則の適用②
眼を自分に

その作業に入るきっかけとなった違和感や疑問は、読み手が文章の内容を現実の事態として考えているあいだに、読み手自身に生まれたものです。読み手もまた、著者と同じように、自分の立っている現実のなかで、自分が理解している現実にもとづいて読み、かつ考えているわけです。ゼミの学生が教育実習に行くことなどを現実に想定できる範囲内にあると見なしたのは、読み手です。その後にわいた違和感や疑問を解消しようと考えているときにも、自分の立っている現実のなかで考えています。この点は、自分が海の彼方のアメリカ人と同じように考えているだろうか、江戸時代の日本人と同じ現実に立っているだろうか、と考えればすぐ納得されるでしょう。

つまり、「一字一句の点検」という原則を生かすことは、自分がかかえる現実を自分の言葉でとらえることでもあるわけです。

これで「一字一句の点検」という原則を実際に活用することが、実際には二重の活動になっていることが理解されるでしょう。この読み方では、当然、その考えに推測がふくまれてきます。与えられた文章からだけでは確定的に現実に存在すると言いきれない事柄がでてきて、そのためどうしても推し測ることが不可欠になるからです。そのときに問われるものは、自分の現実理解です。推測をふくめて頭を動かし、文章の内容を現実の事態として考えながら、著者の頭を覗き、自分の生きる現実を自分で言葉にすること、これが第一講と第二講で試みたことで、今後も試みようとすることです。

この原則を自分でも利用してみようとするときには、文章を読みながら気づいたことを逐次メモし、それを問いに変えて、文章や現実に問いかけ、現実に認められることはこれだけなのか、と考えてゆくほうが実際的かもしれません。自分でやってみると意外に引きだせないものです。最初はどこから手をつけてよいか、皆目わからない人もめずらしくありません。社会経験や場数をふめばよいかというと、必ずしもそうでもありません。ひとりでは大変だと思ったときには、友人同士で気づいた点をたがいに見せあうのもひとつの方法です。もうひとつの方法は、実際にこの原則を運用して生まれた文章を対象に、どのように原則を活用したかを丹念に検討することです。

どちらの方法でも、大切なことは既知の理解をひろげることで、読んでいて何かに気づくなら、それはすでに理解の拡大です。その経験を蓄積してゆくことが大切です。途中で受けとめかねる内容が出てきたら、受けとめかねることがあるのだということを頭の隅にでも入れておけばよいのです。

現実の論理

以上に述べた読み方は、文章に明示されている内容を理解することからはじまり、その内容に潜在する事柄を引きだすことによって、現実の論理をうかびあがらせることである、と言い表すこともできます。その場合の「論理」とは「言葉で表された、現実世界を構成する多種多様な要素の織りなす連関」や「その連関をとらえる思考の筋道」の意味です。

ですから、「論理的」とは「言葉が現実世界を構成する多種多様な要素の織りなす連関にそっている」の意味になり、「論理的に考える」ためにはその連関を見いだすことが必要になります。第二講の引用文を例にとるなら、「驚かされ」や「いつも驚かされ」に著者の教育観が示唆されていると読みとったことが、すでに連関を見いだしたことになります。結局、「論理的に考える」ということは、文章に明示的には記されていないことを引きだすことと同じになります。

この読み方の基礎は文章を一字一句ていねいに読むことなので、強いて「論理」や「論理的」といった言葉をもちいる必要はないのですが、敢えてこの点に触れたのは、いわゆる「論理的な思考」をもとめる傾向や風潮がつよくなったからです。世の中で何か問題が生じるとき、その問題は現実世界のなかに生じるのですから、問題を現実の事態として考え対処する力を養うことが第一で、そのために必要な力は、現実のなかにある「論理」を考える力です。制度的にひろまった、論理性を高めるようにという要求にかんしては、この点をしっかり受けとめておきたいものです。

もうひとつ、今度は制度教育との関連でつけ加えておきたいことがあります。文章を一通り読んで得られる理解と、「一字一句の点検」から得られる理解との違いです。どうも後者の理解があまり得られていないように見えます。文章に疑問を発しながら、みずから獲得する後者の理解は、「能動的理解」と呼べるでしょう。それなら、第二講のはじめのほうで提示した大意（五一頁）は、「受動的理解」になります。この理解が不可欠であることは言うまでもありませんが、その理解は理解水準としては基礎です。さらに、能動的理解まで理解を高めるようにしたいものです。文章読解の要諦は能動的理解にある――制度教育との関連では、この点を強調しておきたいと思います。

第四講　「私は馬鹿です」

これまでに取りあげた文章は現実のさまざまな出来事について書いたもので、それも対象を自分の外にもとめています。その内容を理解するときには、著者が対象を理解するときに設定した枠組や、対象にむかう姿勢など、色々と考慮しなければならない点がありましたが、内容自体は、確かめようと思えば、すでにある知識・理解を動員しながら、自分が見知った現実とくらべることで、基本的には確かめることができるものでした。

では、対象を自分にとった場合は、どうなのでしょうか。つまり、自分はこれこれなのです、と自分を自分で説明する場合です。自分を俎板にのせて料理するときにも、理解の枠組や姿勢の違いがものを言うのかどうか。読みの原則を生かすことは、自分のかかえる現実を自分の言葉でとらえることでもあったので、今度はこれを検討してみましょう。

漱石の書簡から

対象を自分にとって語るということは、自分を素材にしてストーリーをひとつ作って相手に提示することです。これまで用いてきた「ストーリー」とは、現実の脈絡がうかがえる説明のことです。初対面で軽く自分のことを名のるときや、あらたまって自己紹介するときから、社内で人事考査用の自己申告表を提出するとききにいたるまで、短いもの、長いものをふくめて、社会生活になくてはならないものです。しかも、その説明は受けとめる相手におうじて、言い回しや語彙や形式が変わってきます。

ここでは、そのようなストーリーの一例として、久米正雄の文を取りあげてみます。夏目漱石が晩年に芥川龍之介と久米正雄の両名に宛てた手紙に引用されているものです。

この手紙が書かれたのは、若い芥川と久米が小説家としてデビューしたばかりのころです。大正五年九月一日、この手紙の最後のほうで、漱石は「この間君たちからもらった手紙はおもしろかった。また愉快だった。だからそこで私の眼に映った良くないと思うところを参考に言いましょう」という内容を語ってから、次のような文面をしています。

> 久米君の〔手紙〕の中に「私は馬鹿です」という句があります。あれは手紙を受取った方には通じない言葉です。従って意味があっさり取れないのです。其所《そこ》に厭味が出やしないかと思います。
>
> 〔現代仮名づかいに直して掲出〕

この文面では、「私は馬鹿です」という言葉がいやでも眼につきますが、それに対する漱石の、受け取った方には通じない、意味があっさり取れない、厭味が出やしないか、という判断もまた、なぜなのか、という疑問を誘いだすほどに目立ちます。では久米はなぜ自分を馬鹿と呼ぶのか、漱石はなぜそれを通じないと言うのか……。考えてみましょう。

(1) それはいけませんでしたねえ

引用した手紙の文面は、読み流してしまえば何のこともない文章です。どうやら、漱石は久米の書いた「私は馬鹿です」に、厭味を感じさせる可能性があると受けとめたらしい、と理解してしまえば、それまでだからです。しかし、いったん立ちどまって内容を考えはじめると、どうもよくわからない。なぜ「受け取った相手に通じない」のか、なぜ「従って意味があっさり取れない」とすぐ続けられるのか……。

絵画の先生が語ったこと

文面に表れていない論理を何とか見つけようとしてこの文面をながめているると、つい、私が高校生のときに教わった絵画の先生が語ってくれた話を思いだしてしまいます。その話には、「私は馬鹿です」と言った久米にたいする漱石の言葉と、同質の態度が窺えるからです。

その話はおおよそ次のような内容から成ります。——世間のなかで動いていると、出会う人のなかにはやはり経済界や官界の人たちもいて、そのなかには、こちらが絵を描いていると名のると、いやあ、私は学校では絵と音楽が苦手でしてねえ、と応える人がいる。私はそのようなとき、それはいけませんでしたねえ、と言うことにしている——。

この先生は絵といっても抽象画を描く人で、その筋ではかなり有名だという噂をよく耳にしたものです。白髪ゆたかな古文の先生が授業中に、あの先生の努力はたいへんなものですね、家に帰ってからも夜遅くまで何時間も仕事をする、それも毎日だから、と心から感じ入ったように話してくれたことも記憶に残っています。

のちに私が大学の建築科にすすみ、デッサンの授業をとると、思いもかけず、大学教授になっていたこの先生にまた教わることになりました。最初の授業で十分ほど試しに描いてくれたとき、木炭紙に炭がサラサラと触れているうちにモデルの立像がくっきりと浮かびあがってきたことに、一同から感嘆の声が洩れましたが、炭をおいて立ちあがり、一呼吸おいてから語られた「具象は退屈だ」という一言は、文字通りの意味以上に、抽象へむかうまでの摸索を伝えていたのかもしれません。

第一の含意

その先生が経済界や官界の人に、それはいけませんでしたねえと語る。これが絵を描くことを終生の仕事とした人の矜恃のあらわれであることは言うまでもありません。しかし、ここでの言葉のやりとりには、それ以上の含みがあります。

先生が絵を描いていると名のると、相手は自分を卑下するような言葉を語る。先生はそれに角の立つ言い方で応える。大人同士の初対面の場でわざわざそのように応える必要はないのですから、相手のなかには必ずや内心ムッとした人がいたでしょう。肩書で相手をねじ伏せようとする態勢をもっている人なら、なおさらです。しかし、先生のほうではそのような反応を百も承知でそう語ることにしていたと思われます。

絵が下手な人はめずらしくない。と言うより、下手な人のほうが多い。絵が上手であるのはすばらしいことだが、誰もが上手なわけではないのだから、下手なら下手でよいわけです。音痴なら音痴でよいわけです。皆でカラオケに行くときには少し恥ずかしい思いをするかもしれないけれども、人には得手不得手があるのだから、何も恥じる必要はない。それだけでなく、絵が下手で音痴でも、絵や音楽が大好きな人はいるのだから、初対面のときにわざわざ、学校では絵と音楽が苦手でしてねえ、と語らなければならない理由はどこにもない。

この言葉の力点は実際には「学校では」にあるわけです。学校では、絵や音楽は苦手だったが、学科は得意だった。これが裏の意味になるでしょう。

第二の含意

と言うことは、先生の言葉は、相手が言外に意図していた、でもあなたは学科の成績のほうは優秀だったから、と応えてほしい気持ちを押しとどめる役割を果たしていたことになります。しかもそれが対等の場に立って語られる。語られた当人にすれば予想外の立場と言葉だったでしょう。

そうでありながら、これは相手にたいする思いやりと礼節にもなっている。このように幾重にも意味がかさなっていること、これがこの言葉のおもしろいところです。ただ、なぜ思いやりと礼節になっているかは、すぐには見えてきません。考えてみましょう。

⑵　人との交わりのなかで見るとき

経済界を代表する人や中央官庁の官僚となる人――特に後者――は、総じて、小さいときから学科の成績が優秀です。どちらも、一般的な言い方では、成功した人々です。これまでの自分の活動と知的能力に自信をもっており、他の人からもその社会的ステイタスと能力を認められています。このような自他による評価を受けとめるところ、いつとはなしにその人の有能性にかんするストーリーがひとつできあがります。それは履歴書にしるされる事項と世評にもとづいて当人がみずから作ったストーリーでもあり、当人のアイデンティティを構成する重要な要素にもなっているでしょう。

このように現実世界のなかに地歩をきずいた人のなかには、絵画や音楽を、現実における直接の効用が認められず、現実を直接に動かさない、飾りもの程度に見なす人がいます。雑談のなかでこの態度を示す人もいます。前講で出てきた「知らないことは存在しないことにしている」人がいることは、言うまでもありません。

しかし、どのような人生をすごしてきた人でも、よく見れば人の窺いしれない経験をかさねており、他人が踏みこんではならない領域をかかえています。自分の社会的地位と有能性から他の人やものを価値づける態度の致命的な欠点は、このような不可侵の領域がどの人にもあるという点をないがしろにすることです。自分の体現する価値以外の価値には高をくることです。

自分の優位を確信していることが透けて見えるこの態度をもつ人が、たまたま、絵を描くことも一生を費やすに値すると考えてきた人に出会ったとき、その意味を考えてみようとする気持ちもないままに、一見卑下するような言葉を介して、通常は心にしまいこんでいる自分のストーリーを相手から語ってほしいと思う。長年の社会生活から、人のなかで自分が何者であるかを決めるのは他人であることを知っているはずなのに、そう思う。これは当人とそのストーリーの貧しさを物語るだけですから、当人が気づかないままに未然に押しとどめるべきものです。

第三の含意

それを言葉に出してしまったことで、思いもよらぬ反応をされた。その反応に含意されることに気づく可能性のある人は、いずれ、内心に感じた不快を手がかりに、自分で気づくでしょう。自分が本当のところ何者であるかは自分で気づくべきことだからです。それはいけませんでしたねえ、と語ることが、一見礼儀に反するように見えていながら、思いやりであり礼節になっている所以《ゆえん》です。

先生の言葉を世間での人との交わりのなかで見れば、まず以上のように考えることができますが、この言葉にはもっと深い意味がこめられていると思われます。もはや先生の口からじかに説明してもらうことは不可能ですが、研究室に押しかけて絵を見せてもらったりしているあいだに見聞きした言動の端々から考えられるところを記してみます。

(3)　職業との関連で見るとき

第四の含意　先生は、戦争で軍隊にとられるまえから、戦後は高校教員に生活の資をもとめながら――だから世間のなかで生きるということが何らかの職業に就くことを意味するなら、職業とはほとんど関わりのないところで――自分をとらえた絵画というものに時間と精力を注いできた。そのような人が世間における名声やステイタスを言外に響かせる人にむかって、それはいけませんでしたねえ、と語る。語られた人との関係でこの言葉を見ると、職業の与える名声やステイタスで自分を判定してはならない、という理解がそこに含意されていることがわかります。

ある経歴を歩むことは、他の経歴の断念をふくんで成りたっています。歩まなかった部分は、当人が経験しなかった未知の空白領域になります。その空白がここでは先生を絵に向かわせたものとの対比で指摘されています。

絵を描くことがほとんど生きることに等しくなっている先生の生き方にそくせば、この指摘は一般化することが可能でしょう。現実のなかでどの職業に就いても、自分のなかに必ずや大きく欠けるところが生まれ、それが自分のなかに空白としてあらわれ、職業の与える名声やステイタスはその空白にとって何物でもなくなる、と。

もちろん、政治的あるいは経済的な野心にあふれる人、仕事の成功で有頂天になっている人、華麗な経歴を鼻にかける人、そのような人にはこの欠如も空白も何のことかという結果にしかならないでしょう。他方で、大多数の人にとっては、どれほど欠けるところが大きくとも、仕事の領域とそれに属さないこの空白との双方をかかえて生活するのが当たり前となっているでしょう。どちらも世間に普通に見られる人の在り方であることを考慮するとき、先生の言葉は両者を承知のうえで語られていたのだろうと推測されます。

しかも、先生がこの理解を得たのはおそらくかなり年月が経ってからのことで、当初は絵に専念するあまり、他の職業にある人々との関係を強く意識することもなかったと思われます。日々ブラシやヘラと絵の具を手に、疲労で身体が動かなくなるまでカンバスにむかうところ、わかることは時間がどれほどあっても足りないということです。自分の生涯を費やしたところでどうにも時間は足りそうにない。それでも描く以外にない。描かなければ先に進まないからです。

第五の含意

ところが、進む道はあるようにも、ないようにも見える。まるで一面の曠野のようにも見える。自分がどれほど進んだか、どのように進んだかは、自分の過去の絵を見てわかるにすぎない。いつまで経っても模索は避けられない。なぜそれほどのことをしてまで絵を描くのかと訊ねられても、相手にわかる説明はできない。

そもそも、根本のところでは、はかばかしい説明はできそうにもない。それでも、絵を描くことをやめた自分が人として抜け殻であることは、はっきりしている。その意味では、絵や音楽に感応する心がないのは人として寂しく、まったく感応しないでも一向にかまわないとみなすことは尊大で、人として絶対的に貧しい。

もちろん、絵を描くことは世の中が平和だからこそ可能な営みで、この寂しさは、平和であっても困難な境遇をかかえる人の絶えない世間にむかって、ことさらに語らなければならないことではない。人としての絶対的な貧しさすら、その尊大な態度とは裏腹に、これは自分を知らないために自分を卑小にしてしまう無知であるから、私のほうから語らなければならないことではない。だから敢えて語る必要はまったくないが、これまでの自分の歩みを顧みるところ、人の歩む道は世間が用意した道よりもはるかに広く、自分は高々そのひとつを歩んできたにすぎない。少なくともこれは確定的に言える……。

肩書を無視して人に接する先生の行動原則の背景をこのようにかみ砕いても、大きく外れてはいないと思われます。

(4)　欠落と空白の意味

絵や音楽の特質はそもそも言葉で表しがたく、そのため画家や音楽家が一生をかけた自分の活動をどのように受けとめているかが当人の口から語られることは、ほとんどありません。ときどき語られることはありますが、核心にふれる言葉が出てくることはほぼ皆無です。他方、作品を受けとる側に立つ一般社会の人々も、結果として生まれた絵や音楽を心から楽しみ、深い喜びを感じることはあっても、その絵や音楽を生みだす人間の内心に眼をむけることは稀です。そのため、画家や音楽家として生きることが——それ自体として、そして周囲の世界との関係のなかで——当人にとってどのような意味をもつか、種々の職業に就きながら生活することが彼らにどのように見えているか、このようなことは一般に知られていないのが実情でしょう。

しかし、それもこれも絵や音楽が才能のある者だけに許され、一般には縁遠い道だからと考えてしまったのでは、先生が終生絵を描きつづけた営みによって照らしだされた空白の意味が失われてしまいます。

合理化が排除するもの

これまでに知りあった人たちの言動を見るかぎりでは、仕事の領域に属さないために自分のなかに空白としてあらわれてくる欠落とその意味は、現在の企業社会のなかで、たとえば数値の処理に忙殺される毎日をすごしている人ほど、仕事に感じる充実感とは別に、おのずと痛感されてくるようです。人の心をとらえるものも、人が心から希うものも、そう希われて心を領するものも、形が定まらず捉えどころがなく、輪郭が見えてきたころには姿を転じるその性質からして、現実のなかで隅々まで合理化され組織化された面には、あらわれようがないからです。

先生の活動から推し測ったもうひとつの点、つまり描きつづけた絵が自分を見つめる鏡になっているという点も見落とせません。

自分を見る鏡

自分で思っているだけでは、つまり内心で思っているだけでは、自己認識にあちこち抜け落ちるところが生まれます。矛盾も数多くかかえたままです。そうした脱落や矛盾は、若いときにはあって当然のものですが、実のところ、壮年になっても老年になっても、内心で思っているかぎりはなかなか減らないものです。

と言うより、むしろ、この脱落と矛盾は、歳をかさねるほど相対的に増えてくる人のほうが多いようです。裸の自己認識を覆うものが厚くなるからです。歳をとるほど自分に用心しなければならないと心得ていながら、そして自分が何者であるかを自分から語りだすことが世間を謀《たばか》るもの（それを大規模におこなったものが、政治権力者による大衆操作である）と知っていながら、話し相手からは自分の有能性を語ってほしいと思う。それも結局は、自己認識にかんするこの脱落と矛盾のためなのでしょう。

やはり自分を映す鏡は欲しいものです。絵ではなくとも、自分を客観化して眺められるものが欲しい。眺めて自分を整える鏡が欲しい。それも単に自知に欠けるところを他人に示唆されたくないから欲しいのではなく、自分をたもつために無条件に欲しい。仕事のなかで空白としてあらわれる欠落も、内心のどこかでは、無意識にも、充たしたいと希っているはずで、何とかして充たしたい、無条件で充たしたい、というのが大方の希いでしょう。このように希うのも、元をただせば、自分を明らかにしたいという気持ちがあるからでしょうし、充実した生活を営みたいという希いがあるからなのでしょう。

欲求がそのようにあらわれるとして、他方のもとめられるものが、自分を相対化する力や、不可侵の領域をかかえる人間にたいする配慮をふくむ自知であれば、鏡はかならずしも絵である必要はありません。

自分を見る鏡である言葉

充たしたいものが仕事のなかで空白としてあらわれるものであるとしても、それは仕事のなかで、そして仕事との対比で、空白として意識されたものです。人として欠けるところを空白として捉え「空白」と言い表す自分は、仕事を統御する自分としてなお厳然として存在しています。空白であるかぎりは積極的な内容に欠けるとしても、言葉をもちいて自分をとらえる自分は存在しており、そのように存在することは、言葉もまた用い方ひとつで充分に鏡になり、空白を充たすものになり得ることを示しています。

その可能性が実際にどのように個人のなかに開けるかを知ろうとするとき、漱石の歩みは大きな示唆に富んでいるでしょう。彼は文学が何なのかがわからずに煩悶するところから本格的に文学のなかに踏みこんでゆき、最後に小説家となって生涯を終えています。ところが、みずから望んでその山房に出入りするようになった久米正雄は、逆に、それはいけませんでしたねえ、と言われた人と同じ立場の発言をする。自分が何者であるかを自分から語りだし、しかもその文面には自分を卑下する態度が窺える。これはどういうことなのでしょう。

(5) 久米の場合

なぜ自己卑下するのか

その「私は馬鹿です」は、まだ文学を知るに浅く、自他の違いにひどくとらわれていたから生まれた発言だったのでしょうか。文学もまた、世間のなかでどの職業に就いても大きく欠けてしまうところをみずから充たそうとする営みのひとつであるはずなのに、そして文学にそなわるこの基礎的な特質を知るから久米は小説家になったと想定されるのに、なぜ久米は自分を「馬鹿です」と語るのか。

この「馬鹿」という言葉は、他の人にもちいるなら、相手の尊厳を踏みにじる言葉になりますが、自分を指して「馬鹿」と呼ぶ人は案外見かけるだけでなく、漱石のようにとらえる人が少ないので、例をあげて具体的に考えてみます。

たとえば、どうしても競馬競輪などの賭け事をやめられない人が、酒の場で「オレはなんとも馬鹿だなあ」と語るときがあります。一銭の金にもならないことに精だしている人が、「自分は馬鹿なことをやっているが……」と語るときもあります。前者は人が、後者は行為が「馬鹿」と呼ばれ、双方とも「思慮の足りない」の意味です。後者は内容しだいで意味が逆になる可能性もありますが、どちらも意図の通じる相手に向かったときに発せられ、漱石の指摘とは逆に、どちらも相手は聞き流すことができます。

ところが、次のような例は、「通じない」どころではありません。「自分は馬鹿だから面倒な話はわからん。問題はやるかやらないかだ。あなたはどっちなのだ」といった調子の発言は、あれこれと理屈をこねる人に決断をせまっており、相手の、おそらくは優れているだろう知的能力にたいする痛烈な皮肉をこめて発せられるからです。

こうしてみると、同じ「自分は馬鹿だ」でも、話し相手や文脈や状況に応じて、ずいぶん含まれる意味がちがってくることがわかります。

久米の言葉の場合、漱石が文脈を捨てて引用しているので、久米が自分を馬鹿と呼んだ状況がわからず、なぜそう呼んだのかもわかりません。しかし、文面に見るかぎり、明らかに自己卑下や劣等意識が読みとれます。久米の作品によく登場する劣等感に悩む人物は、久米自身の劣等感を何ほどか分有していたと考えられ、その頻度から推して久米の劣等感はかなり根深かったとも思われます。

文脈がわからないので速断は禁物ですが、そのように根深い劣等感から発せられたと推測される「私は馬鹿です」という発言は、文面から見ればみじめな自画像といえるでしょう。しかし、なぜ久米がこのような文面を漱石に宛てた手紙のなかに記したのかは、まだわかりません。問題の指摘が漱石から出ているので、言葉も鏡になり得るという点を念頭におきながら、漱石のしるした文面から検討してみます。

(6) 漱石の取るふたつの立場

説明の部分の「この間君たちからもらった手紙はおもしろかった。また愉快だった」はいかにも年長者のものと思わせます。ところが、ここで考察の対象として引用した「久米君の〔手紙〕の中に」云々はそうとは読めません。

このように同一人物宛であっても文章の口調をあらためたのは、相手にたいする配慮からであると推測されます。それは内容が内容だからで、引用した二行半を書くことによって、漱石は自分を久米と対等の関係におきます。ふたりの関係をこのように定めたところには、自分の「感想」は年長者として語ってもよい、しかし事柄にたいする「判断」を述べるときには、誰であれ対等でなければならない、という姿勢がうかがえます。

相手に「通じない」理由

基本的に漱石がこのような態度で芥川と久米に接しているなら、自分を卑下する久米の言葉にたいして「あれは手紙を受取った方には通じない言葉です」としるすのは、当然にすぎるほどです。相手と自分をたがいに対等の立場においた者にとっては、自分のまえで他の人が卑下しなければならない理由がみつからない。卑下する理由がみつからない人に卑下は通じようがなく、通じなければ意味が

「取れない」のは当然で、「従って意味があっさり取れないのです」はもう検討するまでもありません。

しかし、意味が「通じない」から、すぐさま「厭味が出やしないか」という考えがでてくるわけではありません。ここにはかなり飛躍があります。漱石がなぜ「厭味が出やしないか」と考えたか、その厭味は誰にたいしてかの検討に移りましょう。久米の書簡集は実質的に入手不可能で、文脈と現実の脈絡から久米の発言を検討することができないので、漱石のしるした文面と、久米の経歴や作品などから、わかるかぎりで考えることにします。

(7) 誰にたいしての厭味か

第一の可能性

まず、親子ほども違う両者の年齢差を考慮するとき、大正時代の当時、久米が漱石にたもつべき長幼の序は、現在よりはるかに厳しかったことが指摘できます。それだけではありません。すでに小説家としての名声を充分に確立していた漱石に比し、当時の久米は作家としての道を歩みはじめたばかりです。この点を考慮するとき、社会的名声において、その名声を決定した文学上の業績において、そしてその業績を生んだ文学の理解において、両者に決定的な差のあることも指摘できるでしょう。久米がその差を過度に意識していたら、そこに歪みが生じ、そのため「私は馬鹿です」という言葉がでてきたと推測する可能性が得られます。

両者の差はあって当然の差で、わざわざ自分を劣等の位置におく必要はありません。ですから、この可能性が正しいと仮定した場合、久米の言葉には、「卑下も自慢のうち」のように、故意に自分をおとしめることで漱石にたいする自分の立場を得たい、という底意が読みとれてきます。そこにいびつな自負心が覗いているのは見やすい道理で、この場合「厭味」は漱石が感じとるものになります。

第二の可能性

他方、同時代人の久米評、久米の作品に見られる劣等感、当時常に久米のかたわらにいた芥川という華麗な文体をもつ友人、このような点を考慮するとき、件の発言は久米自身の痛みのあらわれだった、と率直に受けとめるべきかもしれません。

この推測が適切なら、漱石の指摘する「厭味」は、他の人々にたいして、ということになるでしょう。その場合、漱石の文面は「(私はこの言葉を甘えのなせる業として受け流せるが、久米君のような一高に入った秀才が、それだけの学歴をもたない人にむかって、自分は馬鹿だと語るなら、) 其所《そこ》に厭味が出やしないか(つまり言われた人は、久米さんが馬鹿なら、言われた自分は何なのだと考え、自分の立場がなくなる不快を感じるのではないか)と思います」と補うことができるわけです。

人と人のあいだには、能力の優劣をはじめとして、さまざまな優劣があります。戦前はもちろんのこと、平等を標榜する現在の社会においても、現実にこの事実が存在することは認めざるをえません。しかし、その優劣がそのまま人間としての優劣になるわけではない。ましていわんや人生の優劣になるわけではない。このような優劣はいじけないで率直に認めればよいのです。

馬鹿と利口の交互性

そもそも人間は自分が利口だと思ったとたんに馬鹿になる。単に自分の利口さで処理できることに携わってきたにすぎないと告白しているようなものだからです。他方、自分を馬鹿と認めることは、智慧のあらわれとなる。自分を他の人との関係で相対化しており、自分にできることと、できないことの弁《わきま》えがあることを示すからです。

あるいはこれは、利口が利口のままでいると拙《まず》いことが起こり、馬鹿が馬鹿のままでいても拙いことが起こる、と言い表すこともできます。「拙い」は「拙《つたな》い」とも読めます。どちらで読んでも自分を知ることの深浅にかかわってきます。

生活や仕事や交際で生じる軋轢の背後にあるものが、利口が馬鹿になり馬鹿が利口になる両者の交互性であるなら、自分を馬鹿と呼んだ久米に必要だったものもまた、それはいけませんねえ、と言われた人と同じように、もっと自覚的な自知だったわけです。

人は誰でも親からもらった能力や素質のままの自分ではいられません。自分というものは経験をとおして作るものだからです。この当たり前のことを知り、実際に親からもらっただけの自分を脱したとき、久米はもはや自分を馬鹿と呼ぶ理由がないことに気づくことになったでしょう。それもおそらくは、鏡にもなり欠落を充たすはずの試みでもある小説を介して。

「私は馬鹿です」は自知の象徴

ここまで考えてくれば、久米が自分を馬鹿と呼んだ理由が何であれ、その意図や背景がどうであれ――ですから久米が作ろうとしたストーリーや理解の枠組がどのようなものであれ――件の発言は、小説家として歩みだした久米正雄の、この時期における自知を象徴する言葉だったと捉えることが可能になります。言葉が優れて鏡とならざるを得ない小説家にとっては、「私は馬鹿です」と記したこと自体が、それなりに自知のあらわれとなるからです。

久米はみじめな自画像を一方の素材として小説を書きつづけたことになります。しかし小説を書きつづけるなら、いずれ、世間にはおそろしく多種多様な能力や資質や境遇があることを知らなければならない。その数ある人のひとりとして自分があり、能力や資質の優劣が人の優劣を決めるわけではないとも知らなければならない。しかもそのように存在と能力と資質において自分を相対化することは、自知の基礎でしかないとも知らなければならない。なぜなら、自知に浅ければ他人を理解することも浅くならざるを得ず、その浅さを避けようとすれば、この相対化は相対化する自分を切りひらき、その視野を広げ深めるように生じなければならないからです。

久米の場合、自分を一方の素材にして小説を書くことは、鏡に映るみじめな自分を冷静にながめなければ不可能な作業だったでしょう。自分の弱さをつぶさに見つめる痛みをともなう執筆は、自知を拡大する営みにもなっていたでしょう。

言葉をかえるなら、久米は自分のみじめな自画像を糧として自分のベクトルを延ばしていった、と言い表すことができます。誰もが幼少からそれぞれに経験を積んできて、自分なりの方向をもちながら生活や勉強や仕事をしており、生きるというプロセスはそれなりの太さと長さをもつベクトルで表すことができます。「私は馬鹿です」という件の言葉はベクトルの先端にあって久米の自知を象徴していたのです。

そのベクトルがどこまで伸びたかを追うことは本題から逸れ、久米の残した作品で現在でも読まれるものがほとんどなく、久米正雄の名を知っている人がほぼ皆無であるところを見ると、久米のベクトルはあまり伸びずにおわったということなのかもしれません。それでも、小説や小説風のエッセイで、他の人に理解されたときや、社会的に蔑まれた者とのあいだに共感が生まれるとき、劣等感が消えている場面がよく描かれていることは示唆的です。誰にとっても第一に自分に課せられていることは、他人との比較ではなく、自分を生きることであり、他の人とわかりあうということがその核にあるという当たり前のこともまた、久米は小説家であるほどに、小説という鏡を書きつづけながら知っていったのかもしれません。

(8)　久米と芥川

では、久米がたえず自分と比較せざるをえなかった友人であり、冒頭に引用した手紙の宛先人のもうひとりであった芥川はどうだったのでしょう。

芥川の場合

芥川は、久米と異なり、作家として華々しく登場したようで、漱石にもデビュー時に期待をかけられていましたが、また当初からいわゆる創作の原理に悩んでいたことも知られています。それは作品を見れば一目瞭然とします。

芥川に成功をもたらした作品は、しばしば、昔の説話に題材をとるか、説話風の体裁をとったエピソードです。その核心となる観念や事実の意味は、誰にとってもわかりやすいものです。いきおい種々の工夫を凝らさなければ読むに足るほどのものにはならない。しかもその工夫は、必ずしも文学の質を高めるわけでもない。工夫の如何にかかわらず、内容は読者にいだかれる既存の観念に吸収されて終わるからです。作品の質を高めようとするなら、その観念や事実を、生まれてきた過程に差しもどして考察し、みずから追体験しなければならなくなります。

たとえば、『蜘蛛の糸』のように、エゴイズムの発露を地獄に落として、善悪の通念に応えるだけにとどめるのではなく、エゴイズムを世間に据え、市井の人々が展開する相互的な動きのなかで、成り行きを追う必要があります。極楽からおりてきた蜘蛛の糸をよじのぼる罪人が、自分のあとに蟻の行列のようにつづく罪人たちに、この糸は自分のものだから下りろと喚いたとたんに糸が切れる話をつくるだけでは、不充分なのです。たとえ書くものが童話だったとしても、現実を舞台にして、子どもの心に直接に訴えることは可能だったはずです。

ところが芥川はこの道を徹底しなかった。徹底しないままに十年余、工夫が尽きたり空回りするようになり、食色に飽きたと語ったころ、芥川は文学がいわゆる人間性のどこに足を定めているかを、あらためて根本から考えなければならない事態に立ちいたっていたでしょう。芥川にはそれが自分を生きることになったはずです。

牛になりなさい

一生の間には、何度か自分の足元が崩れる時期がやってきます。その崩落は、同時に、自分を作りかえる時期がやってきたことをも意味します。いわゆるリセットとは、自分のまわりの環境ではなく、自分自身を一新することなのです。久米と芥川もリセットを繰りかえしながら、それぞれに自分を生きればよかったはずなのに、ふたりの軌跡は、実のところ、それが容易ではないことを伝えています。この時期に漱石が芥川におくった手紙に、人の歩み方についてとても示唆的なことが記されているので、その一部を引用してこの章を終えることにしましょう。

次のような文面です。——牛になる事はどうしても必要です。吾々はとかく馬にはなりたがるが、牛には中々なり切れないです。……あせっては不可《いけま》せん。……根気づくでお出でなさい。世の中は根気の前に頭を下げる事を知ってゐますが、火花の前には一瞬の記憶しか与えて呉《く》れません。うんうん死ぬ迄押すのです。それ丈《だけ》です。……何を押すかと聞くなら申します。人間を押すのです。――

漱石の助言を何ほどか実践したのは芥川と久米のどちらだったのかが問われる文面ですが、この文面――それも特に、自分を押すのではなく「人間を押すのです」という言葉――は、自分のなかの空白を充たすために必要なものが何なのかを、充分に示唆してもいるでしょう。自分が何者であるかを焦って自分から説明する必要はなく、初対面なら必要におうじて名刺をさしだすだけでよいのです。

補講4 ベクトルの延長

第四講の最後に引用した手紙の末尾で、漱石は「人間を押すのです」と記していました。印象的な言葉で、一瞬はっとした人も少なくなかっただろうと思われます。しかし、次いで意味を考えはじめた途端、どう考えればよいのかに迷ってしまったことでしょう。一応の文脈があるので、まったく意味がとれないわけではありませんが、内容がまだあまりにも一般的で、実際のところ「人間を押す」とは一体どのようなことなのか、具体的にどのようにすれば人間を押したことになるのか等々、考えを先に進めようとしても、茫漠として手がかりすらつかめません。それで久米と芥川を事例として入れておいたのですが、それでも実質的な内容をとらえるところまでは進まなかったと推測されます。

論理が心の襞におよぶ例

それも当然で、これは具体的な指摘をふくんで記された言葉ではなく、受けとる側に何事か思いあたるところがあることを前提にしるされた言葉だからです。この言葉の場合、読み手には、まず第一に、眼にした文面が自分の心に生みだす反響に耳を傾けることがもとめられていたのです。論理が心の襞にまでおよぶ好例です。

ですから、反響があるかぎり、これは誰にでも意味をもつわけですが、おそらく漱石は芥川の作品に危惧するものを感じて手紙を認《したた》めたのだろうと思われます。それはなぜ漱石が芥川にこの助言をしたのかと考えればすぐ頷けることですが、特に「火花の前には一瞬の記憶しか与えて呉《く》れません」は示唆的です。しかし、このような示唆を与えながら、芥川の資質を考慮するとき、漱石はその示唆が功を奏することはないかもしれないとも思っていたでしょう。それでも、そう思っていながら、助言せずにはおられず、それでこの手紙となったのだろうと推測されます。

ベクトルの延長

残念にもこの助言は実を結ばず、芥川が三十六歳でみずから命を絶ってしまったことは、文学史上の出来事としてよく知られている通りです。「わかる」ということがなかなか容易ではないことを示す例です。年齢や経験に応じて理解に階層が生まれることは事実ですが、私たちは実のところわかるところだけでわかっているに過ぎないのでしょう。この点は、実際に自分の親や子や友人知人を自分がどれほどわかっているかと自問すれば、誰もがすぐ納得できるはずです。しかし、そうではあっても、人のなかにいるかぎり、わかることは欠かせない。わかったかぎりのことの背後に、膨大な量のわからないことが控えていると心得て、わかろうとする以外にありません。

そのわかろうとする過程は、他でもなく、ひとりの人間のなかに生じるのですから、実際に何かをわかろうとすると、誰でもそれなりの時間と労力を費やすことになります。その時間と労力を費やすということもまた、自分のベクトルを延長すること、と言い表すことができます。

この比喩を第一講の話に適用してみましょう。

すると、誤解をふくむ記事を書いた記者たちは自分のベクトルを延長しなければならなかった、それも網野さんのベクトルと交叉するように延長しなければならなかった、ということになります。この場合の交叉とは、もちろん、理解を意味します。しかも、その理解は、網野さんの説明を介して、「百姓は農民ではない」という事態を現実世界に定位することで得られるのですから、自分のベクトルを網野さんの見ている現実が見えるところまで延ばす必要があった、ということになります。

ところが、実際にどうだったかと見ると、同じ場所で同じ時間に言葉を交わしていながら、網野さんのベクトルと交わったベクトルは一本しか生まれなかった。北国新聞の記者のベクトルです。

無数のベクトルの存在する場

このように、誤解したり理解したり、部分的に理解したり、どう理解したらよいのかに迷ったりしながら、誰もがそれぞれにひとつのベクトルとして、現実のどこかに存在しているわけです。そうであれば、私たちの生きる現実とは、長さも太さも多様な無数のベクトルが寄りそったり、もつれたり、離反したり、敵対しながら存在しているところになります。誰もがそれぞれに他からは窺いしれない過去をもち、どれほど確実かは本人すらわからない将来を想い描きながら存在している場でもあり、ベクトルの交叉は容易ではない。すぐそう見当はつきますが、すぐ見当がついても、その見当を現実にむかう自分の態勢に組みこむことはたやすくない。些細な現実の出来事でも、他の人のことでも、わかるということはそれほど簡単なことではなく、簡単に言えることでもないとわかっていながら、そうであることを充分に踏まえて考え行動することもまた、なかなかできない。面倒なものです。

「現実」との関連で

現実というなら、これが誰もがおかれている現実です。しかし、各人のベクトルが伸びることも、伸びて理解が得られることもまた、時間と労力を費やす現実です。大人が若い人を諭すときによく持ちだす現実——いわゆる現実——は、人間の生死や金銭のやりとりや生活の維持など、生存の基盤をなす基本的な事柄にかんして、大多数の大人が共通に得ている理解の基盤のことです。その理解の基盤がどれほど大切かは言うまでもありませんが、わかるわからないということでは、大人もまたわからないことをたっぷり抱えているのです。新しく何かをわかろうとすると、誰にあっても自分の人生の一部を費やさなければならない、この「わかる」という働きについては、考えるたびに、そして書くたびに、新たな知見が得られる、というのが正直なところでしょう。

第五講　人の軌跡に読みとるべきもの

何が違いを生みだすのか

経済界や官界でしかるべき地位に就いている人のなかに、かつては文学青年だったという人がいます。久米や芥川の文学仲間にも、後に文学から去っていった人がいます。本格的に文学のなかに踏みこまずに実社会に入った理由はいろいろでしょうし、二十年も三十年も昔のことに触れられることはおそらく好まないでしょう。それでも、全面的に当時のことを捨てさった人は、稀なのではないかと思われます。そのような人も「それはいけませんでしたねえ」と言われるのでしょうか。

それだけでなく、文学青年だった頃のその人たちと、若く「私は馬鹿です」と言った頃の久米正雄との違いは、どれほどのものだったのでしょう。そしてどのようなものだったのでしょう。どこに肝心の点があるのでしょう。あるいは違いの核となるものは何なのでしょう。

久米は若いころからよく筆の立つ人でしたが、実のところ、才能で進める程度は高がしれています。道を違《たが》えることで以後の軌跡が大きく変わり、生きて活動した結果が、実社会の人と小説家久米の違いになったことは明らかですが、その違いは埋めようもないほど大きな溝なのでしょうか。

双方のたどった道がちがうため、経験も質的にちがってきて、壮年期にもなれば、昔話や世間話は可能でも、本格的なコミュニケーションは成り立ちがたくなるのかもしれません。それなら、彼らの違いを生みだした軌跡の核にあったものにおいて、その溝は具体的にどのように存在しているのでしょう。

自分を自覚したころの青年の心を惹くものと、それ以後の年月が個人に刻むものに思いをはせながら前講の内容をふりかえっていると、どうしてもこのような疑問がうかんできます。それはおそらく、私がいつも若い人にとりかこまれながら、実社会にでたり、大学に残ったり、自分の腕ひとつで自分の道を切りひらこうとする彼らの将来を——さらに生きて活動する彼らの今後のことを——考えざるを得ないからでもあるのでしょう。

それでここでは、前講の発展として、以上の疑問の中心をなす「軌跡の核にあるもの」に注目してみましょう。つまり心に生起するものの在り方に着目し、「生活」をキーワードにして考えてみようと思います。それが「生きて活動すること」の基本義だからです。

「人間を押す」再考

実際に考えようとすると、「生活」も「生きて活動すること」も、意味がとてもひろく、茫漠としていて、どこから手をつけてよいのか見当がつかないように思えるかもしれません。それで、前講の最後に取りあげた「人間を押す」という漱石の言葉から考えてみます。同じく茫漠としてはいても、この言葉にはなお手がかりがありますから、そこから考えるヒントが得られるでしょう。

「牛になる事」云々は、直接には芥川への助言でした。あふれるほどの怜悧な知性をもてあましていた様子が透けて見える芥川の写真をながめていると、この言葉は、カミソリの刃を研ぐのではなく、切れ味は鈍くても重くて剛い鉈《なた》になるよう促していたと聞こえてきますが、その「牛」は「馬」に対置されてもいます。「馬になりたがる」こと、突っ走ろうとしたり焦ったりすることは、誰にも覚えがあります。この助言は一般性を帯びているのです。

それなら、「人間を押す」も、「根気づく」や「うんうん死ぬ迄押す」との関連で理解できそうです。なにしろ、世間に出るまえも、出てからも、根気づくで踏んばらなければならないことは、けっこう数多くあります。かかえるものが大きいときや、本当はそうではないのにと思いながらやっているときには、なおさらうんうん踏んばらなければならない。ましていわんや、世の中で何事かをなそうとしたら、踏んばりは一生のことになる。それもこれも、ただ負け犬になりたくないからだけではなく、人でなしになりたくないからでもあるでしょう。あるいはもっと積極的に、人としてあるかぎりどうしても守りたいものがあるからだと思われます。

軌跡の核にあるもの

自分や周囲の人のふだんの言動をこのようにふりかえってみるなら、言葉のうえでは「押す」と、「踏んばる」や「守る」とは違いがあっても、「人間を押す」には、やはり誰でも具体的に思いあたることがあり、その内容を人間にかかわる一般的な事柄としてとらえることができるはずです。思いあたることを事実にそくして考えてゆくなら、結果は「人間を押す」という言葉の事例になるのです。

それだけではありません。踏んばりつづけることもまた、生きて活動する仕方のひとつなので、生活のなかで思いあたることや踏んばっているときの自分をとらえることは、「軌跡の核にあるもの」が、具体的にどのようにひとりの人間のなかに存在しているかを明らかにすることに通じてゆきます。

このように、「生きて活動すること」としての「生活」の場合でも、考える基本はやはり具体からです。しかも、はじめから文学などに惹かれた人ではないほうが、万人にあてはまる「生活」というキーワードにはふさわしい。それで、本講では芝居好きが嵩じて演劇の世界に入ったのではなく、大学をでたあと、農民組合に行くか芝居に入ろうかと迷ったあとに演出家になった、竹内敏晴の文章を手がかりに考えてみることにします。

竹内敏晴の前半生

竹内は幼児から耳の病に悩まされていました。中学校に入ったころにはほとんど完全に聴力を失い、そのため話すことも不可能になります。その後、彼は一度失った人とのコミュニケーションを取りもどすべく、自分の言葉をあらためて人為的に作ることから歩みはじめ、演出家を志します。具体的には、何とか話せるようになった戦後の何もないころ、養母の疎開先の子どもたちに昔話などを物語ることによって、自分の言葉を回復するきっかけを得ます。そして、新築地劇団が上演した長塚節の『土』の舞台に、土くれと見なされた貧農が人間になる演出を見ることで、演劇をとおして生きられる可能性を見いだす――。竹内敏晴にとっては、生きて活動することがそのまま演劇に通じています。

その「生きて活動すること」が「生活」の基本義ですから、竹内にとっての演劇は、生活か演劇かという対比が生まれる以前の段階にあり、竹内が歩んだ道の一部を成しているはずです。ところが、その竹内が、不思議なことに、演劇と日常生活の関係を次のように説明します。要約してみましょう。

日常生活と演劇　――ふつう私たちは日常生活をまちがいない現実と思っているが、これはさまざまな約束事(fiction)から組みたてられており、そこでのコミュニケーションは仮構された約束事の網目を反射的にゆききするにとどまる。現代の若者の一見とっぴな表現行動は、日常性というフィクションをやぶって、全身的なコミュニケーションをとり返そうとする試みで、舞台の世界はその発展としてある。つまり、約束事のうえに成りたっている点では、演劇も日常生活も架空のものだが、演技は日常生活の約束事(科学的思惟や管理社会の常識)によって疎外されている「生きられる世界」をとり返す試みなのである――。

このように考える竹内敏晴が、演劇教室をひらいてからしばらく経ったある日、ひとりの青年に出会います。劇団で研究生をしたあと一時的に商事会社に勤めたが、芝居をやることにしか生きがいを見つけられないと感じて、再出発のために訓練を受けにきたと言います。彼は「幼いころドモリだった」と父親から言われて育ったため、人にむかうとスラスラ言葉がでてこないとうち明けます。そのドモリにひっかかるものを感じて訊ねた箇所を引用しましょう。

きみは、このコンプレックスをいやだいやだと思っている?

ええ、とかれは答える。

では、もし、しゃべることに自信ができてコンプレックスがまったく消えてしまったら? きみの心のどこかには、このコンプレックスを消したくない、持ちつづけたいって気持はないか?

かれは、ちょっとためらった後、はい、あります、と答えた。

おれはドモリだという劣等感こそ、かれの生のいちばん痛切な感覚であり、それを感じることが、かれにとって生きていることであったのだし、それから解放されたいという願いこそが、演技という芸術表現を選ぶ土台になっていたわけで、つまり、もしドモリだという意識がなかったら、かれは社会生活を快活に生きつづけ、芸術という別世界での自己表現を欲しはしなかったろう、コンプレックスが消えるときはたぶん表現への衝動も消えるときではあるまいか、ということなのだ。（事実かれはある女性との恋愛の成就によって「社会復帰」し、演劇から去った。）

（竹内敏晴『ことばが劈《ひら》かれるとき』一九八八年、ちくま文庫 より）

著者竹内敏晴の経歴と本の表題の意味を念頭におきながら、この青年が「社会復帰」するまでに何があったのかを考えてみましょう。恋愛が成就しても演劇をつづけることは可能だったはずです。

(1)「表現への衝動」を取りまくもの

原著『ことばが劈かれるとき』（一九七五年、思想の科学社）が出版されてから、すでに三十五年になります。当時この青年と同じような状況にあった人の数が多かったのかどうか。そして今日までにその数が増加しているのかどうか。

統計にあらわれる数字ではないので確定的なことは語れず、普通こうした人の存在は無視できない数にならないかぎり、社会問題になることもなく見すごされます。しかし、そうではあっても、芝居をやることにしか生きがいを見つけられない、バンド演奏にしか生きがいを見つけられない、小説を書くことにしか生きがいを見つけられない、漫画を描くことにしか生きがいを見つけられない……、このように一般の職業としては成りたちがたいことにしか生きがいを見つけられない若者が、今でも数多くいることはまちがいないでしょう。

と言うより、何かに生きがいを見つけられた人はまだ幸福で、何をしてよいかわからないために、仕事に就くこともできない人の数が増える一方と言われていることは、現在の世相を示すバロメータのひとつになっています。「社会復帰」した青年の話は、現在の社会問題にも通じているわけです。――それも、積極的な意味をもって。

ではどのように積極的なのか、この点の考察にとりかかる前に、この青年のような人たちとの関わりで指摘できる社会の在り方をあらかじめ確認しておきます。

社会の基本的な在り方

それは、いわゆるサブカルチャーと呼ばれる領域で活動する人の数と活動の種類が多く、理由が何であれ、安定した収入の得られる職業につかなくとも、何とか生活していられる人が多い社会は、まだ余裕がある、ということです。これは日本のサブカルチャーが海外で高く評価されるようになったこととは別の次元で成りたつ話です。

もちろん、現在の社会にそなわる余力がいつまで保《も》つのか、深刻な労働環境のなかにいる人々がどうなるのか等々、危惧する面は多々あるでしょう。それでも、純粋に経済的な活動の面から見て、無駄や損失とみなされることがなお社会のなかに存在してきたことは事実です。このことは、バブル崩壊や、何に追いたてられているかもわからずに追いたてられていた時期があったにせよ、そして今はグローバルな経済再建の只中にあるにせよ、一九七〇年代から今日までの日本の社会が平和であり、悪い社会ではなかったことを証拠立てています。

このように個個人の活動の場をつつむ大きな世界である社会の在り方を確認した後、次に眼をむけなければならないのは、収入です。つまり、誰でもいつかは——遺産で生活できる人をのぞくなら——自分をささえる金銭は自分で得なければならない、可能なら安定した生活がいとなめる収入を確保することが望ましい、という点です。あまりにも当たり前な指摘で、わざわざ記すこともはばかられるほどです。

応じがたい要求

しかし、当座の生活に必要な金銭はともかく、安定した収入を確保することをもとめられる。これこそは——いくら頭ではわかっても——演劇やバンド演奏や小説や漫画にたずさわることにしか生きがいを見つけられないでいる人にとって、すぐには受けいれられない要求でしょう。生きがいとなっている活動を放棄したとたんに、もぬけの殻になり、何をしてよいかすらわからなくなってしまうからです。

現実という語をもちいるなら、それは安定した収入のともなう職業を得て働くことに、自分の生きる現実を見つけられないことを意味します。ベクトルという語をもちいるなら、ベクトルを延ばす場を一般の職業のなかに見いだせないという意味になります。彼らにとっては、自分の心をつかんだものに携わりつづけること、それがそのまま生きて活動するという意味での「生活」になっているのです。

(2) ある台本と女優たちの場合

これまで関心を集中させていたものを捨て、虚ろな自分をかかえて街をぶらつくだけの人間にはなりたくないが、さりとて経済的な安定はすぐにどうすることもできない。頭ではわかっても実際には容易に解決できないこのジレンマにからんで、ひとつ思いだされることがあります。

引退公演の定番

それは、先年、ある演出家から翻訳をもとめられた、フランス映画『ベタニ　罪の天使』の台本に関係しています。これまでは夭逝《ようせい》した友人の部分訳をもちいてきたが、今後は全体を演じたいので全訳して欲しい、という依頼でした。訳了後に依頼主の演出家と女優さんふたりにお目にかかったときの話では、女優の数は全国で二万人、生活のなりたつ人はほんの一握りで、私の訳した台本は、その演出家のかかえる劇団の女優が三十歳になるまえに引退するときに演じる定番である、とのことでした。この台本は演劇の魅力にとりつかれ、アルバイトをしながら女優をつづけてきた人たちが、自分の人生にひとつの区切りを付けるものになっていたのです。

この種の区切りを付けるか付けないかとなったとき、「好きなことで生活できれば世話はない」という言葉がよくもちいられます。この言葉は、月並ではあるけれども、月並であるだけに、生活を成りたたせることがどれほどの労苦を要するかを、よく伝えています。区切りを付けないでいる当人に甘さがあれば、返す言葉もない真実になります。

しかし、安定した収入が見こめないことを充分に承知したうえで演劇などに踏みこんだ人の場合、この言葉は当人が自分に言い聞かせる言葉にもなります。その場合には、どれほど自分に言い聞かせても、すぐには周囲からもとめられる行動に移れない当人の説明として、まったく舌足らずになります。

このようなときによく聞かれる「自己満足」という言葉も同様です。この言葉はある程度のところで自分の試みから退いた人のものです。退いた自分を納得させるときには有効であっても、定職によって安定した生活を確保する可能性をすててまで踏みこんだ人には届かない。他の人を指してもちいても、逆に退いた自分を指す結果におわります。

結局、どちらの言葉も、当人に甘さがない場合には——他の人にもちいても、自分にもちいても——意味ある言葉にはなりません。

通常の言葉では説明不可能

このように、普通よくもちいられる語句や言い回しが、竹内演劇教室をおとずれた青年にも、引退公演にのぞむ女優にも不適切になるのは、そもそもこの人たちの欲求の底にあるものを言葉で的確に言い表すことが困難で、日常の決まり文句では手に負えないからです。
しかし、私が翻訳を依頼された台本の結末で、主人公が自分の人生にみずから一旦の幕をおろす場面に生じ得る現象に眼をむけるなら、この区切りないし断念の性質はもっと明瞭になってきます。

台本の結末

まずあらすじをお話ししましょう。服役囚も受けいれる実在の修道院を舞台に、ふたりの娘が中心になってストーリーは展開します。ひとりは特にその修道院を献身の場にえらんだ娘です。もうひとりはまったく信仰にかかわりがなく、無実の罪で服役したあと、自分をだました男を射殺して、修道院に逃げこんだ娘です。善意が高慢といりまじって親切の押し売りになる前者と、殺人を隠そうとする後者とのあいだに、修道女たちや院長をまきこんだ種々の葛藤があり、登場人物それぞれの頑なさや素朴さや嫉妬が露呈されたあと、劇はいわば前者の死とひきかえに後者が自首する場面でおわります。

翻訳しているあいだは、自分を神にささげた娘を中心に筋書が展開し、その死で劇がおわるので、この娘が主人公なのだろうと思っていました。しかし訳了後に心に残っていたのは自首する娘のほうで、その印象がしだいに強くなってくる。修道女たちが一人、また一人と背をむけて去っていったあと、最後の場面でただ独り修道院の外に足をむける娘の姿がますます鮮明になってくる。

その姿が脳裏から消えないまま毎日をすごしているうちに、ゆっくりドアにむかって歩をすすめる娘を、娘自身が後ろから見ている視線がうかびあがってくる。では、自分を後ろから貫く視線を背にした娘の眼には——つまり二重の視線に——周囲がどのように映っており、その心はどのように保たれているのだろう……。かなりのあいだ、この疑問が私のなかに留まっていたと思います。場が修道院でありながら、自首する娘はまったく信仰にかかわりがない。この事実が疑問を生みだしたようにも思えます。

台本自体はこのような疑問に何ひとつ触れず、その最後は「姿は見えないが、男の手がのびて、手錠をかける」というト書きでおわっています。この文は娘にくわえられた動作を描写したもので、劇をしめくくる必要から書かれた説明です。日仏学院の厚意で見せてもらった映画でも、結末は台本どおりに終わっています。修道女たちの眼をふせた態度に押しだされるように修道院の外にでる娘に撮影カメラをかさね、娘の眼をとおして見える周囲の光景を撮るだけでは、二重の視線は映像に反映せず、台本に書いても無意味だったでしょう。娘の眼に映じた光景は、作者としては、観客や読者の想像力にゆだねる以外になかったわけです。

これからお話しするのは、自首する娘の姿を想い浮かべているうちに、その眼に映っていたものとして私の眼前に髣髴《ほうふつ》と浮かんできた光景です。

外界が光を発する光景

それは、端的には、外界が光を発する光景です。もっと詳しく言い表すなら、自分の生きてきた世界から鋭く切りはなされる瞬間にしばしば人を襲う、眼の眩む光景です。

純粋で妥協を知らないこの娘は、自首しようと修道院のドアから外に一歩ふみだした途端、眼を射るように外界がまばゆく輝く光景に全身が貫かれたかもしれない。その光景に貫かれる瞬間に明らかなことは、眼前にひろがる外の世界、否応なく自分が切りはなされてしまった世界、もはや自分の存在する場ではなくなった世界が、まばゆい世界であるということでしかない。その意味するところがわかるまでには時間がかかる。しかし、そうではあっても、一瞬の後に自得するものはある。しかもそれはまばゆい外界からじかに伝わってくる。

自首する娘が自得した要素をあえて取りだすなら、自責の念、負債の念、断ち切られて初めて気づく愛着の強さ深さがあげられます。眼の眩むような光景に打たれたとき、人を殺めた自分が不正であったという意識が責めとなって自分を襲う。その責めは自首をうながしていた娘の死によって初めて真に生まれたもので、以後の自分はこの世界にたいして何ひとつ正当化できるものをもたないという意識が、どっかと身にのしかかる。これまで生きてきた世界に特別に世話になったという意識は毛頭ないが、それでも自分はもはやその世界に、人として生を享《う》けた世界にたいして、何ひとつ返すことができないということも、痛いほどに感じられる。そしてまた、断ち切られて初めて、自分がこの世界にどれほどの愛着をいだいていたかを痛切に感ぜずにはいられない。

外界を光り輝かせるもの

外界をまばゆいほどに光り輝かせる当のものは、この自責と負債と愛着とが未分化のままに一体となって心中に生じた痛みである。まず真正の自責の念が生まれて外界がまばゆい輝きを発し、次いでその光が娘に負債と愛着と事態全体とを意識させ、それが外界に反照してさらに輝きをつよめる。しかも、以上のすべてが、一瞬のうちに生じる。輝くのは、他でもない、空気の匂いと土の湿りと緑の樹木につつまれた、人の生きる世界である。関係を断ち切られることが、身をもがれる痛みとなって自分を襲う世界である。しかしこのようなことはどれも、自得した瞬間には言葉にならない。言葉にする必要も感じられない。そもそもその必要が認められない。日々の生活とはまったく関わりのないところで心を領したものにたいして、生活のなかで相互に共有する経験にもとづいて成りたち、伝達を第一の目的とする言葉はなす術がない。

引退公演の女優たち

演劇の世界から訣別しようとしてこの劇を上演する女優にも、程度の差こそあれ、同様のことが言えるでしょう。長い時間をかけて心の準備をしてきたとはいえ、引退の出し物にこの劇を演じている俳優の網膜にも、この定番を演じてきた代々の俳優の網膜にも、その光景は映っていたかもしれない。院内の誰にもふりかえられず司直の手に自分を委ねようとするこの娘になりきったとき、観客席がそのまま修道院の外と化したかもしれない。

上演する女優の眼にこの光景があらわれないとしても、あるいはその光景を見る女優がわずかであるとしても、少なくとも、この光景を念頭におかなければ、娘がみずから自分の人生に一旦の幕をおろす台本を引退劇にえらんだ彼女らの内心は推しはかりがたい。

この引退公演は当人の生きておこなってきたそれまでの活動を決定的に断ち切る舞台です。犯罪のことはともかく、そして親がかりで俳優への道を歩んでいる人や、思うぞんぶん演劇をやれたと満足して舞台を去る人のことは別としましょう。それ以外の場合、身勝手といわれても仕方のない欲求にかられて演劇の世界に飛びこんだ自分が、どのような意味でも正当化できないということ、欲求のままに生きることを可能にしていた世界に自分が何ひとつ返すべきものがないということ、断ち切られて初めて強さ深さがわかる愛着のこと、このようなことは基本的に同じはずです。

娘の自得にそなわる一般性

この種の体験は、強弱の違いはあっても、意外に多くの人を見舞うようです。生きていること自体に自己肯定がふくまれ、世間的には人に侮られないよう誰もが自分を正当化する工夫をせざるをえません。しかし、世に生まれて在ることには、それ自体に、世にたいする責務がふくまれています。自分なりに生きて活動してきたプロセスをふりかえるような時期にきたとき――その時期が何歳のときであろうと――自分を生かそうとしてきた人ほど、人に負っているもののほうが多く、自分は正しかったとは言えない自分がいることに気づきます。内心に響く声がおのずから決する事の正否には、あらがいようがないのです。

自首した娘を裁く場に立つ人ならなおさらです。国家の法と自分の正義感をかさねあわせ、自分が正義を実践していると素朴に信じられる時期をすぎてこの声が自分のなかに響くとき、現実世界のなかで一個人が正義を体現することは不可能であることに気づかされます。それでも公的に正義を行使せざるを得ない立場にたつ人は、本来なら、その行使にともなう負の面を自分のなかに自覚的にかかえこまなければならない。全面的な自己正当化が不可能であることは、万人を見舞う可能性を帯びてきます。

以上が、演劇などに夢中になっている若い人たちのかかえるジレンマに絡んで思いだした台本の結末から浮かんだ光景であり、その光景から生まれてくる事柄です。「生きて活動すること」という意味での「生活」のなかに突然やってくる断絶には、他にもいろいろの場合があります。試験での不合格や、予想もしない解雇によって、自分の将来が断たれたように感じたときには、目の前が真っ暗になるほうが普通かもしれません。しかし、修道院から歩みでた娘の自得に窺える事柄は、他に選択肢がないままに生きて活動したあげく、予想もしないときに自分の生活に襲いかかって断絶を生みだす事態を、みずから受けいれたときにあらわれ得る光景とその意味を伝えているのです。

台本を翻訳してからもう二十年以上になりますが、娘の眼に映じたはずの光景は、現在にいたるまで、消えることなく私のなかにとどまっているようです。それを意識したある日、この結末ではどの登場人物もそれぞれに許されてあるのだろう、という想念がふっと傍らを掠めていったことを覚えています。

(3) 再出発を志した青年の場合

女優たちが引退公演で眼にし自得するかもしれないものが以上の光景とその意味であるとして、三十歳になるまえの引退が断念という言葉で言い表すことが可能な場合、その断念によって捨てたものに代わる何かを見いだすまでには、空白の時間が流れる。食わねばならぬという絶対的な必要があり、それを受けいれたところではじめた新たな生活と仕事にも、それなりの喜怒哀楽があり、それを味わうことが充分に可能ではあっても、実のところ喪失は埋めようがない。

幸いなことに、竹内演劇教室をおとずれた青年は、その新たな生活に積極的な意味を見いだして演劇を去っていったようです。

著者の説明をあらためて見てみましょう。自分はドモリだという劣等感がこの青年のいちばん痛切な感覚であり、彼にとってはそれを感じることが生きることで、その感覚から解放されたいという願いが演技という芸術表現を選ぶ土台になっていたが、逆にその劣等感が消えるときは、表現への衝動が消えるときになるかもしれない、とありました。この説明は、劇団の研究生になったころの青年の状態にも、再出発を志した段階での状態にも当てはまるでしょう。青年のジレンマを少し見てみます。

演劇青年のジレンマ

自分はドモリだという劣等感が「いちばん痛切な感覚」で、「それを感じることが生きること」であれば、演劇のなかで「その感覚から解放されたいという願い」が成就したときは、自分が生きているという実感が消えるときになる。演劇をつづけるあいだに演劇への理解が深まり、それでさらにつづけたいと思うようにならないかぎり、論理的にはそうなってしまいます。芝居をやることにしか生きがいを見つけられないと感じて再出発を期したのに、その成功は再出発の動機を消滅させてしまうわけです。

これでは永遠にジレンマから解放されない。とすれば、解放されたいと願ったときになぜ演技をえらんだのかが問題となってきます。わずか一時間か二時間の舞台上で、束の間ではあってもドモリのない人生を生きたかったからなのかどうか。それとも、舞台の上での演技は、演技でしかないけれども、ドモリのない自分になれるからなのか。

このような説明の仕方は、演劇に惹きつけられた人の説明にも、演劇それ自体の説明にもならないでしょう。この青年が本当に演劇にむかった根本の理由は、他にあると考えられます。それにもかかわらず当人の意識としては、（著者の言葉にそくして理解するかぎり）

ドモリが前面に出てくる。これはその青年がまだ――年齢的に当然のことですが――自分を知ること浅く、演劇の世界に深くふみこんでいなかったことを充分に示唆しています。

ある女性との恋愛の成就によって社会復帰し、演劇から去ったということは、同じことを示しているとともに、その女性との生活のほうが、演劇よりも大きな意味をもっていたことになります。では、結婚しても演劇をつづけるという選択肢があるときに、なぜ演劇を去ったのでしょう。

演劇青年の選択

それは、演劇の意味を知ってゆく過程で、生活そのものがもつ意味を受けいれられるほどに全般的な理解が深まったからなのかもしれない。あるいは、自分が生きていると感じる感覚を与えるものが、ドモリから他のものに移り、それでこれまでドモリに感じていた痛切な感覚が消えたのかもしれない。あるいは単にドモリが気にならないほどに、女性との生活のもつ意味が大きかったのかもしれない。そうであると確定的に言えないとしても、演劇を去ったということは、もう芝居を唯一の生きがいとは感じていなかったことを示します。もしかすると、女性との交際ではどもらないで話せるようになり、それで芝居をやることにしか生きがいを見つけられないと感じていた理由が一挙にわかった可能性もあります。

演劇の世界に縁のない人にとっては、仕事をやめて演劇の世界に入ってから、また一般的な社会生活にもどった道筋は回り道にしか見えないが、回り道をしたから、かえって生活と仕事により豊かな意味を見いだすことができるようになったのかもしれない。いずれにせよ、この青年にとって、ドモリからやってくる劣等感も演劇も、演劇か女性との生活かの選択において決定的な意味をもってはいない。女性との生活のほうがより重要で、それが劣等感と演劇の意味を吸収できるから演劇を去っていった、あるいは第三者からはそのように見える選択をした、ということになります。

対立的把握は適切か

思考の枠組を「生活か演劇か」にとって展開した以上の検討は、引用文を承けてなされています。具体的には、「もしドモリだという意識がなかったら、かれは社会生活を快活に生きつづけ、芸術という別世界での自己表現を欲しはしなかったろう」と、「ある女性との恋愛の成就によって『社会復帰』し、演劇から去った」です。その文中にある「社会生活と芸術という別世界」つまり、「社会と演劇」という対比ないし対立を受けいれたところで成りたっているのです。しかし、この対立的表現がどれほど適切かは、一度考えてみる必要があります。

芸術の世界は一般社会の人々にとってたしかに特殊で、大多数の人々の「社会生活」とは異質だと受けとめられているでしょう。「芸術という別世界」という表現は、一般の通念にもまちがいなく妥当します。他方、「社会復帰」という言葉には、人の活動する場としては「一般社会」が本道である、という考えが読みとれます。演劇はその本道からさまよい出た人の入る世界であると読みとることすら可能です。そのような世界のひとつである演劇にふみこむことは、今の言葉なら「はまった」ということになるでしょう。この言いまわしにも、はまる前の状態が正常だという考えがふくまれています。

その当否はともかく、「生活と芸術」「生活と演劇」という対比ないし対立は、一般にひろく認められていると見られます。

「生活」の基本義に照らすなら

しかし、生きて活動することが生活の基本義です。この基本義に照らすなら、芸術にたずさわることも、演劇の世界に入ることも、生活の一部です。著者の前半生自体が、この基本義そのものと言える軌跡を描いていたことは、すでに前に見たとおりです。「社会生活と芸術という別世界」、それに「社会と演劇」というふたつの対立的表現は、著者が自分の過去を的確にとらえているかぎり、その軌跡から直接でてくるものではありません。著者が、青年の行動ではなく、自分の経験を組織し説明する枠組を組むなら、生活と芸術ないし演劇との関係は、別の仕方で説明されていたかもしれません。

(4) 生活・演劇・仕事

話が込みいってきたので、少し整理しましょう。あらためて青年の選択から見てゆきます。

この青年は一度は劇団をやめたものの、芝居をやれない自分や生活が考えられなくなったから、つまり——当人が自覚していたかどうかはさておき——芝居が「生きて活動すること」としての「生活」の最重要事項になったから、仕事をやめたのでした。退職するかどうか迷っていた時期から演劇教室訪問までのあいだ、青年の思考は「仕事か演劇か」という二者択一、あるいは一方が立てば他方が立たないという意味での対立のなかで揺れ動いていたと言えます。

ところが、恋愛の成就によって演劇から去ったとき、この青年の思考と行動は——芝居に属さないものを「生活」に繰りいれるなら——「演劇か生活か」という枠のなかで動いていたことになります。(その対立関係が演劇を去るころに解消していた可能性があることは、前に指摘したとおりです。)次いで、青年はまた働きはじめたでしょうから、最重要事項は仕事になり、仕事と生活を並列した「仕事と生活」という言い回しが当てはまる生活(基本義としての)をすごすようになったかもしれません。

「生活」の二義

以上に挙げた「仕事か演劇か」「演劇か生活か」「仕事と生活」という三つの枠は、青年の行動から直接に読みとれたものです。引用文の著者の理解をまったく考慮せず、青年の行動を理解するときには、「生活」の基本義だけを軸においています。それでいながらこの三つの枠では、「生活」の意味が基本義そのままではなくなっています。それはすでに「芝居に属さないものを『生活』に繰りいれるなら」に示唆されていますが、最後の「仕事と生活」でも事情は同じです。この言い回しは、生きておこなう活動のなかから、その活動を経済的に成りたたせ、その意味でもっとも大切な「仕事」を特にとりだし、その「仕事」に属さないものをすべて「生活」に繰りいれたところで成った表現です。この言い回しは現実のなかで言葉をもちいるときの必要に応じて生まれており、成立事情がこのようになっているから、誰も双方の言い回しを奇妙だとは思わないのでしょう。

要するに「生活」にはふたつの意味があるのです。第一はもちろん基本義で、第二は必要に応じて生まれたこの言いまわしなどに用いられる「生活」です。基本義が人間の活動全般をふくみ、あまりにも意味が広いので、第二義のように意味を限定する工夫が生まれたと言えるでしょう。

ただ、第二義としての「生活」を「仕事と生活」のように用いるとき、その区別に時間帯や時間の長短がかかわっていないことには注意が必要です。大きな企画をかかえているときや、仕事が順調にすすまないときには、家に帰っても、休みの日にも、仕事のことを考えている人が多いでしょう。同様に、仕事が多いときには、仕事を家に（生活に）もちかえる人もいます。しかしそれでも、仕事と生活の区別は、いずれの場合でも保たれているはずです。ふだん仕事以外のことに費やす時間にも仕事のことを考えるということは、生きておこなう活動（基本義としての生活）のなかで最も重要な活動である仕事が、ふだん第二義としての生活に費やす時間に食いこんだということなのです。

しかし、だからといって、第二義の生活の重要性が失われているわけではありません。仕事で生活が犠牲になる場合はあっても、「犠牲になる」という言いまわし自体が、第二義の生活の重要性を示しています。仕事に属さないだけのことで、これも「生きておこなう活動」です。第二義の「生活」は、仕事をふくまないだけで、基本義としての「生活」と意味が同一なのです。

基本義と第二義の関係

この点に着目するなら、著者のもちいる「社会生活」という言葉に、基本義と第二義の双方がふくまれていることも頷けるでしょう。「社会生活」とは社会を構成する多くの人々のあいだで過ごす生活です。この言葉は生きておこなう行動を、社会との関連で言い表した表現で、仕事も日常の生活もふくんで成りたっています。その「日常生活」は、朝起きて歯を磨いたり、人に挨拶するなどの決まりきった動作だけから成るわけではありません。友だちと買い物に行くことも、ひとりでゆったり読書することも、アルバイトをすることも、日常生活のひとこまです。「日常生活」は生きておこなう活動を、日常の観点から見たときの言葉なのです。

以上の「生活」の基本義と第二義の区別、「社会生活」と「日常生活」の語義は、青年の行動に読みとれた三つの枠を検討することで得られたものです。これで、芝居をやることにしか生きがいを見つけられないと感じて竹内演劇教室をおとずれながら、後に演劇から去っていった青年にかんする著者の説明を、もっと明確にとらえることができます。

言葉遣いに窺える著者の配慮

この青年が仕事か芝居かの選択に悩んだことは疑いありません。しかしその意識にそくして見るところ、「生活」の理解はまだその選択で大きな役割を果たしていないと見えます。青年はまだ若く、基本義としての生活も、第二義としての生活も、自覚的にしっかり受けとめていなかったことは、推測するにかたくありません。著者の演劇教室をおとずれるまでの過程全体が生活なのだという理解は、まだこの青年には立っていなかったでしょう。これはほぼ間違いありません。仕事をやめるかどうかで迷っていた彼の意識の前面をしめていたものは、あくまでも、「演劇か仕事か」です。

他方、演劇を去るまでには、「演劇か生活か」で迷った時期があったでしょうし、迷っている時期には両者が対立的な関係にもなったでしょう。しかし、実際に演劇を去るときには、対立と想い描く必要がなくなった可能性があることはすでに述べたとおりです。

それでも著者の説明に「演劇か生活か」という対立があるのは、これが、青年のドモリがはらむ矛盾と、青年が演劇を去ったという事実を説明するため、一般の通念に合わせながら、著者が意図的に導入したものだからです。

ですから、著者が導入したこの対立を理解するためには、当然、その文脈を読むことが大切になってきます。引用文で著者のもちいる「日常生活」という言葉も、同様に、文脈のなかで意味を読みとる必要があります。

ただ、その検討も、またかなり長くなりそうです。最初のほうで挙げた「軌跡の核にあるもの」を考えるところまでには、もっと検討をかさねなければならないようです。まったく「牛」になることはむずかしい。しかし「急《せ》いては事をし損じる」です。本講での考える基本を「具体から」と定めた理由を補講で検討することにして、ここで一旦休憩しましょう。

（『ベタニ　罪の天使』は実際には縄田靖子との共訳です。）

補講5　できあいの言葉と分析

「具体から」

第五講は、キーワードを「生活」に、考える基本は「具体から」、と定めてはじまりました。「具体から」は、第三講中の「現実との相関のなかで言葉の内容を考えるということが基本」（八五頁）と、同趣旨の方針です。この方針はこれまでのどの章にも当てはまります。

たとえばこの第五講の場合には、一五五頁から、演劇青年にかんする著者の説明を手短に述べなおし、それから個々の語句を手がかりにして、個別の事例である青年のジレンマを「具体的に」検討する作業をはじめています。ではなぜ「具体から」なのか、ここでその理由を説明することから、本書での考え方と、その考え方をもちいたときに生じる問題点とその意味などに触れることにしましょう。

まず逆の考え方をしてみます。

逆の考え方とは「生活」を抽象的にとらえるやり方です。たとえば「生活とは何か」という問いを立てることです。この問いの立て方は、「具体」の反対は「抽象」という理解をうけています。内容が個々の生活にかかわっていないので、「生活」を一般的に知ろうとしたと言うこともできます。この受けとめ方は、「個別」と「一般」は対義語という理解をうけています。

ところが、このような問いを立てた途端に、誰もが答に窮してしまいます。「生活とは何か」という問いに答えようとすると、辞書にのっている語義に（友だちとのおしゃべりや買い物などの）具体的な事例を少しつけくわえる程度でおわるのが普通です。これでは一般的に答えたことにならない。そうかと言って、抽象的な語彙をもちいて答をだそうとすると、わけのわからない議論になりかねない。結局、どちらも、生活が何なのかを明らかにすることはできません。

「具体」から始めた理由

どの問いにも答があるわけではありません。学校ならいざしらず、世間ではそれがあたりまえです。あると思うのは勝手な思いすごしです。「生活とは何か」という問いは、英語になおせば直ぐ見当がつくように、「人生とは何か」とほとんど同義です。この問いには、一般的に答えられるほど充分に生きたと自覚している人が、自分なりに答えられるだけです。

それに加えて、「生活とは何か」という問いは、ふとしたときに浮かぶ「生活って何なのだろう」という疑問をつつんでおり、この疑問をあらためて取りあげ、内容を問いただしたものでもあるでしょう。その答は、なにげなくこの疑問をいだいた人々が、それぞれに頷けるものにならなければならないはずです。ところが、一般的・抽象的に考えるだけでは、右に述べたように、少しもその必要にこたえてくれません。考える方針を「具体から」にしたのは、そのためです。

では実際にどのように内容を考え、引用文を読みといていったのか、今度はそのプロセスを、もっと具体的にお話しすることにしましょう。本書で文章を読むときの基本に設定した「一字一句の点検」（補講3）を思い出してください。核心は「一字一句の点検」が行きづまるところにあります。

言葉の基本義から考える

現実の事態はどれも複雑です。些細な、と思えることも、よく見るとかなり込みいっているものです。実際、演劇青年が竹内演劇教室にやってきたときから、演劇を去っていくまでのプロセスと理由は、考えてみるとずいぶん面倒でした。引用文ではわずか数行の説明ですが、どうしても、個々の語句を手がかりに、種々の場合を想定しながら、事態全体を解きほぐしてゆかなければなりませんでした。そのときに利用したのが、「生活」というキーワードを基本義にもどし、それを考える軸にすることです。

この方法、つまり語源や字義などを利用して、言葉を基礎的な意味から確定しながら理解をつみあげることは、何の変哲もない方法です。しかしこの方法は意外に効力がありま す。演劇青年の行動の説明に「演劇か生活か」という選択ができましたが、この著者の思考の枠組が、著者自身のものではなく、一般通念にあわせて便宜的に組まれたものだということがわかったのも、そのおかげです。

もし「生活」を「生きて活動すること」という基本義にもどさないまま考えていった場合、おそらく文章を解きほぐす作業は、途中で行きづまっていたことでしょう。

「点検」の行きづまり

一字一句おろそかにしないで文章を読みといてゆくときには、その過程で必ずと言ってよいほどに、はたと困るときがあります。この読み方が、書きながら考えてゆくやり方であることは、前に述べたとおりですが、書いた分だけが、その時点で自分がわかった内容になる、ということも大切な点です。この点は実際に自分でやってみれば読者もかならず頷けるはずです。ところが、読む・書く・考えるを一体として理解を進めてゆくうちに、次に何を書き、何を考えればよいのか、わからなくなる。それで困るわけです。

同じことはどのような文章を書いているときにも起きるでしょうが、共通する点は先が見えなくなることです。これまで書きながら読みといてきた事柄がさらにどのように展開してゆくか、その方向が見えてこなくなるのです。

なぜそうなるかを、「一字一句の点検」を「分析」と言いかえて、説明しましょう。「分析」は「分（ふたつに切り分ける）」と「析（木を斧で細かに切り分ける）」から成り、合わせて「複雑な内容や要素をふくみ、全体としてひとつになっている事態を、大小さまざまに分け、その素性を明らかにすること」という意味になります。ひとことで言えば「解きほぐすこと」です。さまざまな対象に適用できますし、訓練すれば身につく技術です。

その「分析」を文章に適用した場合、これは、個々の語句を丹念に読みながら、そして書きながら内容を考え、解きほぐして、事態の全体像や核心となる事柄の意味を明らかにすることが目標になります。

しかも、人の理解や体験をつづった文章を分析するときには、書かれた文章も内容も人にかかわるので、第一講で述べたように（三六頁）、自分の心が動くことで見えてきたことを手がかりに、自分の理解を拡大して、事態全体と、核心となる事柄の意味を明らかにすることが大切です。

この段階になると、分析は自分の心をひらく過程と連動してくるので、もう単純に「技術」と呼ぶことはできなくなります。「一字一句の点検」が行きづまるのは、そのようにして自分の理解を拡大し、事態を明らかにしようとなったときです。

行きづまりからの脱却

それじゃ分析なんて無意味じゃないか、と考えたくなるかもしれません。しかし短気は損気です。分析をとおして事態が見えてきていながら、その事態が何なのかがわからなくなる、あるいは先が見えないでいる——これは事態の全貌がおさまる枠を見つけられないでいることを意味し、それを見つけることで心がひらかれ、理解が一気にすすむので、実際にはとても大切なところです。

ですから、文章を分析していったあげくに行きづまったときには、まず「事態の全貌がおさまる枠」を見つけることが課題になります。「一字一句の点検」ないし「分析」も、これまで利用した「理解の枠組をとらえる」も「著者の頭を覗く」も、そのための作業方法です。キーワードを「生活」に、考える基本は「具体から」と定めることも、そのための作業方法です。そう心得て、事態全体から浮かびあがってきて、その当の事態がおさまる枠組を自分で見つけること、つまり「事態の全貌がおさまる枠」を見つけることが課題なのです。

対象のおさまる「枠」の発見

その「枠」ないし「枠組」をもう少し詳しく言い表すと、「分析対象とした現実の事態を構成する、多種多様な要素の織りなす連関全体がおさまる範囲」と言い表すこともできます（一〇八頁参照）。対象を構成する要素は、文章に明示的にあらわれていない場合もありますが、対象それ自体から生じる関係にあることが必要です。

たとえば第五講なら、政治は枠外になります。以前に勤めていた商事会社も枠外になります。他方、芝居をつづけたいという拘《こだわ》りに関連する事柄は、枠のなかに入ります。このように枠のなかに入るか入らないかを考慮しながら、「事態の全貌がおさまる枠」を探してゆくわけですが、その努力は、ずばり言って事態の核心は何なのだ、と考えることと同時に進行します。「全貌がおさまる枠」の発見と、「事態の核心」の発見とは、相前後することが多いでしょう。

実は、これまで書いた講では、どの講でも何度か「枠」を変えています。実際にどのように変えていったかを、具体的に述べてみましょう。

第一講なら、事態の核心は「百姓イコール農民という通念から脱却できるかどうかを決定するのは経験の有無」になります。この核心は網野さんの本を読んでいて気づいていましたが、自分で説明の文章を書きはじめると、この核心をうかびあがらせる要素の取捨選択では何度も変更する必要がでてきて、そのたびに「枠」を修正しています。

それでも、本講の場合、核心は見当がついていたので、「百姓は農民ではない」が読者に唐突に響かないように導入部を書き、網野さんの文章を引用し、問題点の列挙、誤解が生まれた原因の分析、核心の提示、と進めています。「理解の枠組」や「言葉と現実との関係」などは、本講で提示しておきたかった内容なので、途中で盛りこんでおいたわけです。なお、第五講で導入した「思考の枠組」は、対象について考えようというときの表現、「理解の枠組」は対象を理解しようというときの表現で、個々の要素や言葉にも適用できることは、「百姓」の例でおわかりいただけるでしょう。

「枠」と「核心」の発見過程

「事態の全貌がおさまる枠」と「事態の核心」を見つけることには、誰もが苦労します。しかも、それが分析と大きく関係しているので、もう少し話をつづけましょう。

講の冒頭を書きはじめるときには、それまでに書きためた長短さまざまなメモから得た一応の見込みを基礎に、まだ自分でもよくわかっていない枠が、ひとまずできあがっています。核心が何になるかは、わからないままに書きはじめることもよくあります。そのときには、さあて、何が出てくるかなあ、といった状態で、期待なかば不安なかばです。

書きすすむうちに枠がはっきりしてきて、そのために枠を全体として修正することはめずらしくありません。枠自体は、簡潔な表現であらかじめ心にいだかれていることが多いので、枠の修正は実際にはその表現の修正になります。そして新しい枠にそって、新たな内容を導入したり、すでに書いた事柄を削除したりします。事態の全貌がわかってくるにつれて重点が微妙に変わったりするので、枠の表現を部分的に修正することもよくあります。枠を言い表す表現が決定するのは、講全体を書き終えたときです。核心の表現についても同様です。

書いている途中で全体の枠を意図的に変える場合もありますが、対象とする事態からそれが浮かびあがってきて、おのずと最終的に枠が定まる場合もあります。意図的に変えるときは、そのほうがより「事態の核心」が浮かびあがるだろうという見込みがあるときです。結局、意図的であろうとなかろうと、大切なことが「事態の全貌がおさまる枠」とその「核心」の発見であることには変わりがありません。

しかし、その双方が得られても、書き終わってから全面的に枠を捨てるときがあります。つまり書き直しです。できあがった章が首尾一貫していても、内容を生かせていなければ失敗だからです。

それはともかく、種々の試行錯誤を経て一講が書き上がるまで、「事態の全貌がおさまる枠」を見つけたり、「事態の核心」を確定したりする実際の作業は、分析をとおしておこなわれます。個々の文をしるす作業が常に分析とともに進むからです。

完成までに不可欠な分析

実際に分析している状態は、三つに大別できるでしょう。

第一は、漠然とではあっても、全貌がわかっている事態を分析するときです。自分の心をひろげる必要もほとんどないので、先が見えなくなっても容易に解決でき、分析はわりあいスムーズに進みます。問題としていた事態をくわしく理解することもできます。しかし、分析以前にすでに一応の見当がついているので、得られるものは事態がよくわかったという確信と悦びになります。

第二は、分析をとおして浮かびあがってきた事柄や人間像が、自分の理解の幅を超えていて、受けとめかねるときです。その事柄や人間像の全貌がつかめない、その枠を見つけられないとき、と言ってもよいでしょう。この状態も「先が見えなくなる」場合によく生じます。

このような場合、受けとめかねていることは自分で気づくので、対象を小さくいくつかに分けて検討し、最後にそのすべてを綜合するほうが賢明です。最後の綜合のときにはかならず行きづまり、自分の理解をいったん壊さなければなりませんが、そうなると次の項と同じになります。

第三は、分析が本当に行きづまってしまう場合です。しかし、行きづまっても、それに負けずに踏んばっていると、あるとき突然、行きづまった自分の理解が一挙にふきとんでしまい、パッと視野が広がるときがあります。今までわからなかったことが一瞬でわかるようになり、わかったことを書くのに手が追いつかなくなるほどです。分析ならではの醍醐味があじわえるのは、そのときです。

踏んばりどころ　ですから、行きづまるのは無駄ではありません。と言うより、行きづまらないと、そうはならないと言えるでしょう。そうなるまで、じっくり腰を据えて、自分がこれまで書いてきた事態は全体として何なのかと考えること、自分で書いた内容それ自体から意味を明らかにしようと心がけることが肝心です。

これが実はむつかしい。しかしここが踏んばりどころです。できあいの言葉や世間でよく用いられる言い回しにたよると、自分で考える機会を捨ててしまいます。自分の努力をとおして生まれようとしているものの活力と意味を、みずから殺いでしまう結果になります。

もちろん、世間に流布している言葉を利用し、語句や文を組みかえたりしながら、お茶を濁しつづけていても、それなりに文章は書けるようになります。しかし、それはやはりごまかしです。このごまかしが嵩じると、欧米で言われていることを日本語で書いて、自分が考えたことにしてしまうようなことになりかねません。

演劇青年の場合でも、できあいの言葉を利用するなら、「やっぱり演劇より女性のほうが好きだったんだ」と言って済みます。そしてこれはこれで間違いではありません。間違いではありませんが、おそらく理解はそこで止まってしまうでしょう。そう言って済ますと、この青年のことをさらに理解する可能性を捨て、引用文をとおして著者が伝えたかったことも捉えられないままに終わります。これでは本を手にしたとき、内心にいだいていたはずの「書いてある内容をわかりたい」という気持ちに反する結果になります。やはり、事柄を基礎的なところへ引きもどして、いったいこれは何なのだと考えながら、踏んばらなければならないのです。

その力を得るための最もよい方法は、著者のしるした個々の言葉にたいして、内心で、自分はこれを心からそうだと言えるか、と自分に問いかけてみることです。竹内敏晴の引用文を読んでいるときなら、「自分は日常生活をまちがいない現実と思っているだろうか」などと自分に問いかけるのです。そのように自分に問いかけると、実はまだよくわかっていなかったことに気づくことがよくあります。第二の場合のように、分析をとおして浮かびあがった事態や人間の像を受けとめる力が、自分にないことに気づくときもあります。優れた著作に圧倒されるときと同じことが生じるわけです。

しかし、誰も文章を書くことを強制されているわけではありません。何も言えないときには言わないでよいのです。

「行きづまり」の積極的な面

著者の在り方や文章の内容を受けとめる力が自分にないとわかったということは、裏面から見れば、そうわかるところまでは自分の理解を深められたということです。それは分析が進まなければ生じてこなかったことで、とても積極的な意味があります。漠然と自分の進むべき方向を模索している状態から、あるいは暗中模索の状態から、わかりたいと思いながらわかり得ないでいることの範囲をせばめることによって、一歩先へ歩むことができたのです。

このように肯定的な面があるので、「一字一句の点検」が行きづまったら、この行きづまりを突破すれば、自分は新たな理解の段階に入れるのだと考えて、希望を明日につなげましょう。

第六講　人の軌跡に読みとるべきもの（続）

「生活」の基本義は「生きて活動すること」で、この基本義に照らすなら、演劇も生活の一部になり、「演劇か生活か」と対立的に考えることは無意味です。それでもこの対立が成りたつのは例の演劇青年がいるからでした。この対立は一般の通念に合わせながら、青年の行動を説明するため著者が意図的に組んだ思考の枠組ともなっていました。いよいよこの枠組を組んだ著者の考えに踏みこむ番です。演出家だった著者の演劇観を考慮に入れながら、まず著者の展開した文脈を見てみましょう。

(1)　生きられる世界と日常世界

引用文にそくして理解すると、この演劇青年は演技をとおして「生きられる世界」を取りもどそうとする試みをつづけたあとに、「生活」を、それも「さまざまな約束事から組み立てられている」日常性をふくむ生活を、自分の生きる世界として選びとったと言えるでしょう。著者の他の言葉を利用して言いかえるなら、「舞台というフィクション」を捨てて、「日常性というフィクション」をふくむ生活を選びとった、ということもできます。

日常性だけでない生活

そもそも「日常生活のなかで約束事によって組み立てられて」いる側面が「日常性」と呼ばれ、日常生活は日常性とそうでない部分から成っていたのでした。しかも、青年がこの選択をおこなったとき、著者の語るフィクションとしての日常性は、選択を左右するほどの力をもっていなかったと考えられます。日常性がその力をもっていなかったと考えてよいなら、日常生活のなかには「約束事によって疎外されて」はいないもの、つまり疎《うと》んじられ生活の外に追いやられてはいないものがある、という意味になります。

著者は日常生活の約束事を「科学的思惟や管理社会の常識」にまで広げてとらえています。高度に組織化され、科学技術によってささえられる現在の社会をふりかえるなら、この拡大は充分になりたつでしょう。しかも、そのような常識としての約束事は、青年が実際に「生活」を選びとったとき、その選択に何ら影響をあたえていないので、この拡大した捉え方においても、日常生活のなかに日常性以外のものがふくまれていることは明らかです。

そうであれば、科学的思惟や管理社会の常識をふくむ日常生活のなかでも、日常性が支配的な領域では、「コミュニケーションは仮構された約束事の網目を反射的にゆききするにとどまる」けれども、そうでない部分では、コミュニケーションはなお「生きられる世界」をもたらし得る。「全身的なコミュニケーション」は舞台の外でも可能なわけです。

この点もまた、若者の「一見とっぴな表現行動」を取りあげていたことからもわかるように、著者があらかじめ認めていたことです。もっとも、その一見とっぴな表現行動が具体的にどのようなものか、その表現行動で若者が取りもどそうとした「全身的なコミュニケーション」が具体的にどのようなコミュニケーションなのか、事例が挙げられていないので、これを引用文から直にとらえることはできません。

しかし、語義にそって考えるなら、皆が心をあわせて演じる演劇だけでなく、アイコンタクトをもちいながらピッチを駆けまわるサッカーなどのスポーツや、数人で演奏するバンドも、「全身的なコミュニケーション」が成りたっている例となるでしょう。著者が念頭におく「一見とっぴな表現行動」は、「とっぴな」に明らかなように、組織的で考えぬかれた行動ではないので、少し趣向を凝らした遊びもそのなかに入れてよいはずです。

青年の決定がふくむ意味

このように考えるなら、なおのこと、件の青年がことさらに演劇の世界を選ばなければならない理由はなかったことになります。「もしドモリだという意識がなかったら、かれは社会生活を快活に生きつづけ、芸術という別世界での自己表現を欲しはしなかったろう」という指摘は、正当なのです。快適かどうかはともかく、この青年は「全身的なコミュニケーション」の場が演劇だけでなく生活にもあることがわかり、ふたりで築く生活を維持するために、「社会復帰」したのかもしれません。

そう考えてよいなら、この青年の場合には、演劇よりも生活のほうが豊かだったことになります。もちろん、その場合の「生活」は、基本義と第二義との両義における生活です。

では、この青年が芝居をやることにしか生きがいを見つけられないと感じていたときに、演劇と生活や職業とのあいだに認めていた違いはまったくの錯覚で、両者のあいだに絶対的な区別は存在しないということになるのかどうか。

一四二ページの要約文で「約束事」に括弧つきで fiction（フィクション）と記されている点を考える時期にきたようです。原著ではどちらにも特別な説明がないところを見ると、著者は双方とも説明を不要と考えていたのでしょう。しかし、言葉としては普通のものであっても、この文脈では両者とも意味がとらえにくくなっています。ですから、今度はこれまで不問に付していたこの二語に焦点をしぼって考えてみます。

(2)「約束事」とは

まず著者が日常生活と演劇について記した内容を整理しましょう。

舞台の世界は約束事のうえに成りたっている点で架空のものであるが、日常生活もまたさまざまな約束事（fiction）から組みたてられているという点では架空のもので、演技は日常生活の約束事によって疎外された「生きられる世界」をとり返す試みである、となります。

この説明では、「舞台の世界」ないし「演技」と、「日常生活」とが対比的ないし対立的に捉えられています。

二項対立による説明

この対立的な捉え方を「二項対立」と呼びます。青年の行動を検討したときに「仕事か演劇か」「演劇か生活か」という対立が出てきましたが、双方とも現実の行動にひらかれた二者択一で、いま言おうとしている二項対立とは別のものです。二項対立とは、ものごとを論じるときの方法のひとつと考えてください。何かを説明しようとするとき、説明の対象だけを取りあげるのではなく、説明のなかで浮かびあがらせたい点が鮮明になる対比項を取りあげ、双方を対比・対立させながら説明する方法です。

現実の世界には無数の物事があり、対比項として取りあげることができるものも膨大にあるので、どれを対比項に取りあげたかで、そのときの著者の思考範囲がわかります。つまり二項対立は対象をとらえる著者の思考上の枠組になるわけです。そこで対立させられた両項は、対立のなかであらわれた内容だけが問題にされます。

このような特徴をもつ二項対立をもちいて提示された内容を考えるときには、その対立のなかで考えるのではなく、一度その対立を崩し、対象をとりまく現実の事態から考えなおす必要があります。二項対立という構造は、あくまでも明らかにしたい点を鮮明に打ちだすため、便宜的に組んだものだからです。以上の点を念頭においたうえで、「日常生活」から検討をはじめましょう。

「日常生活」の検討

まず、この「日常生活」には——通常もちいるときの語義とズレが生じますが——一般職業人の仕事もふくまれると考えましょう。著者の設定した対立が「生活か仕事か」ではなく、「舞台の世界か日常生活か」になっているからです。その「日常生活」は実質的に「仕事をふくむ生活」であると捉えてかまわないでしょう。

著者が端的に「生活」とするのではなく「日常生活」としたのは、政治や経済の領域で非常に大きな責任を背負い、私的生活や日常生活と言えるものがほとんどない人たちは除外していたからかもしれません。それだけでなく、引用文以外の箇所を調べてみると、著者には「生活」を「生きて活動すること」という基本義にさかのぼって考える発想がないようで、「生活」と「日常生活」との区別も厳密ではありません。

しかし、それならなおさら、著者の語る「日常生活」は「仕事をふくむ生活」と見てよいことになります。そして人間にはふだんその「日常生活」ないし「生活」にあらわれないものがある、という留保を読みとることができるでしょう。ここでは、著者の語る「日常生活」をそのようにとらえ、仕事においまくられる日々を過ごす人たちの生活を例に、その内容を考えてみます。

現在の社会に導入された「科学的思惟」の象徴と言えるコンピューターをまえに、「管理社会の常識」がかつて以上に支配的・組織的に駆使される職場を考えてみましょう。その職場で、仕事と食事以外のことを何かしたい、と思うほど連日夜遅くまで仕事をし、家では寝るだけの生活に明け暮れていると、仕事がそれなりにおもしろく、毎度の食事がそれなりにおいしいものであっても、生活は全体として決まり切ったルティーンワークが主になり、ことさらに心躍ることはなくなっているでしょう。

そのような毎日をすごしていると、何かおもしろいことはないか、とも考えるようになり、それで映画や演劇やコンサートへ行きたくなると考えるなら、著者の述べる「日常生活」はこのルティーンワークが支配的な生活であり、「生きられる世界」とはその外で心から楽しめる機会を与えてくれる場である、と捉えることができます。

「約束事」とは

右のように考えるなら、日常生活の「約束事」はルティーンワークをささえているものと捉えることができ、それで具体的な内容が浮かんできます。朝、友人や仕事仲間に会ったときに挨拶する習慣や、コンピューターの使い方といった知識、あるいは信号のある交差点での渡り方や一昔前の年功序列まで、すべて「約束事」のなかに加えることができます。「生活」はそのような習慣や知識や規則や慣習から「組み立てられて」いるからです。

そして、ここまで考えをすすめれば、なぜ著者が「生きられる世界」や「全身的コミュニケーション」を重視するかもはっきりしてきます。いま挙げた日常生活の事例も、その約束事の事例も、強いて心躍るもの、深く心に入ってくるもの、心を深く揺りうごかすものではないからです。

「生きられる生活」の検討

誰もが生きているかぎりは「生きる世界」にいるのに、ことさらにそのような点を重視して「生きられる世界」と銘打つのは、機械と同じように働く状態が人間にはふさわしくないという判断があるからでしょう。「全身的コミュニケーション」を重視するのは、その「生きられる世界」にいることを実感できる演技やサッカーなどが、身体をふくんだ丸ごとのコミュニケーションだからであると思われます。人と話すだけでも深いコミュニケーションが得られる場合があるのに、なぜ特に「全身的コミュニケーション」を重視するのかとなれば、それはやはり著者が身体をとおしたコミュニケーションを不可欠とする演劇にたずさわってきたからということになるでしょう。

それに加えて、若いときにはそのようなコミュニケーションを望むのが自然な在り方だと考えているからだろう、とも推測されます。子どものころ公園で夢中になって遊びまわっていた人が、いつのまにか機械のように仕事においまくられている現状は、人間にとって望ましい状態ではないという点を考慮するだけでも、著者が「全身的コミュニケーション」を重視するのは充分に頷けるはずです。

だからといって日常生活やその約束事が無意味であるということにはなりませんが、ともかくこれで日常生活における約束事が「全身的なコミュニケーション」を疎外するように組みたてられているという著者の考えは、一応のところ頷けます。わかりにくいのは、この約束事がさらに「フィクション」と言いかえられていることです。また基本的な面から考えてみます。

(3)「フィクション」とは

「フィクション」は小説や芝居などを意味するときにもちいられますが、語義自体は「想像によって作られた架空の話や現実には存在しない事態」で、簡単に言えば「絵空事」です。演劇がフィクションであることは言うまでもないので、なぜ著者が日常生活における約束事を「フィクション」と呼ぶかに焦点をしぼって考えることにします。

欲求に応えない日常性

その場合、答は「全身的なコミュニケーションをとり返そうとする」欲求にとって、日常生活のなかに張りめぐらされている「約束事の網目」が、何ら応えるものをもっていないから、ということになるでしょう。その欲求に応えられなければ、日常性は欲求にとって現実性をもたない。つまり、当人をうごかす力や性質をもたない。架空の話でも現実に存在しない事態でもないが、この欲求にとって、現実性をもたなければ、それと異なるところがない。だから日常性は「フィクション」と呼ばれている。

フィクションは「仮構された」ものですから、「約束事の網目」を形容する「仮構された」が「フィクション」の言いかえであることは言うまでもありません。要するに、日常生活の約束事には、深く心にいだかれている欲求や期待を、実際にうごかす性質や力が欠けているから、単なる作り物と同じ性格になり、それで「フィクション」と呼ばれているわけです。

この現実性の欠如は、日常生活の事例とその約束事の事例が心を揺りうごかすものではなかったという点から、すぐ納得することができます。あるいはこれは、自分のしたいことが現実の世界に見つからなかったり、まだ明確な形をとっていないため、悶々とする毎日をすごしている人のことを考えても、納得することができます。

もちろん、約束事がそのような欲求に応えようと応えまいと、実際問題として約束事を守らなければトラブルが生じ、守らない自分は信用されなくなります。日常生活にかぎってても、たとえば友人間の金銭の貸借などにかんする約束事は、守らないで済むわけではありません。作られたものだからと言ってすぐさま「仮構された」とは言えません。このような事実があるからこそ、普通は「日常生活を間違いない現実と思っている」わけです。

なぜ「フィクション」と呼ぶか

それでも、著者が日常生活の約束事を「仮構された」と形容し、「フィクション」とも呼ぶ理由は、すぐわかります。一般に理解されていることのような点をみとめたうえで、演劇青年の痛切な感覚や、その感覚から解放されたいという願いや、それに類する欲求に当初から話題を限定し、日常性がそれに応える現実性をもっているかどうかを考えているからです。実際、悶々とする自分をかかえる人は、車にはねられたくないから赤信号のときに交差点を渡らないという約束事を守るでしょうが、その約束事はかかえる悶々にとって何の意味もないはずです。

これで残る問題はただひとつ、日常生活も舞台も同じ約束事から組みたてられているのに、なぜ舞台には「生きられる世界」を取りもどす力があるのか、生活のなかで日常的におこなわれている動作を舞台で再現することが、なぜ「生きられる世界」を取りもどすことになるのか、という疑問だけです。

しかし、この問題には俳優の演技力や舞台効果など多様な要素がからむので、ここでは著者の提示した二項対立から考えられるだけのことにとどめておきます。つまり、台本を書く人は、数年なり数十年のあいだに生じると想定される膨大な事実のなかから、俳優と観客が深く自分を確認できるために必要な要素を取りだし、それを一時間か二時間のストーリーに組みたてる、俳優はそのストーリーを演じながら「全身的コミュニケーション」を取りもどし、観客も自分を忘れて舞台上の演技に没頭できる、と受けとめるだけにします。

二項対立を利用した理由

それでも、ただこのように受けとめるだけでも、舞台の世界か日常生活かという二項対立が、ただひとつ、「全身的なコミュニケーション」が得られるときに経験の主体となる当人の心に生動するものの有無から成りたっている、ということは明らかです。二項対立は、この生動するものを鮮明に浮かびあがらせるための仕組みだったのです。

(4) 成熟することを知らぬ心

著者は、経験の主体となる当人の心に生動するものに第一の関心を注いでいる。若者の一見とっぴな表現行動も、全身的コミュニケーションも、演劇も、この第一の関心から取りあげられています。取りあげられた事柄が多様で、演劇がそのひとつでしかないことは、この時点での著者の視野がどれほどの広がりをもつかを示唆しています。それでも、着目した活動が何であっても、その内容の如何にかかわらず、著者の考察はつねに個個人の心に生動するものを起点としている。この点は変わりがありません。

他方、著者が演出家としての道を歩みはじめてからほぼ半世紀後の今日、かつての著者や例の演劇青年たちにとって現実性をもたない日常生活、彼らの心に生動するものを裏からささえる生計のほうは、世界規模の大きな政治経済の動きのなかに組みこまれています。アルバイトで成りたたせている生計も、その生計で成りたたせている演劇活動やバンド演奏も、実のところその大きな動きのなかでこそ可能で、この現実は今も昔も、人・物・金の動きを可能にする組織と秩序を（つまり約束事を）ふくんで成りたっている。

高校生にもなればこのようなことはわざわざ言われるほどのことでもなく、たとえ知らなかったとしても理解のベクトルをそこまで延ばすことはできます。しかしそれでも、演劇青年たちも、若いころの著者も、現実と乖離した自分をどうすることもできない。安定した職業のなかに自分の現実を見つけることもできない。あるいは、金銭が決定する現実とのあいだに、調和点を見つけることができない。

この状態を単なる甘えと一蹴することは容易ですが、そう指摘することで青年たちを仕事に就かせられるわけではない。そう言って片づくなら、引きこもりや不登校が社会問題になることもない。

言い方を変え、好きなことは趣味の範囲内にとどめるよう忠告しても、効果はない。彼らの関心事は趣味ではない。無条件に心を惹きつけつづけてきたものを、適度に抑制できる「趣味」と呼ぶことはできない。「趣味」という言葉はあくまでも「仕事」との対比で意味をもつにすぎない。関心事はみずから生きて活動した結果、心を占領するように彼らのなかに生まれており、その関心事が自分のなかに腰を据えるまでのプロセスを彼らは制御できない。その制御不能は、未熟だからである。そもそも、演技による解放も「全身的コミュニケーション」も「生きられる世界」も、未熟だからもとめるもので、

他人事ではない未熟さ

著者のもちいるこのふたつの表現自体が未熟さを示す――このように言ったところで、そしてそれが常識ある大人の普通の受けとめ方であっても、実際には何を言ったことにもならない。そう指摘する大人同士が計算ずくでおこなう儀式じみた仲間褒めが子どもじみているとき、そしてまた絵画の先生に、それはいけませんでしたねえ、と言われた経済界や官界の人が充分な社会経験をつんだ大人だったとき、未熟さは他人事ではありません。

年齢の如何を問わずこの人たちすべてに共通するものは、あるはずのものがない、という点です。大人から未熟と指摘される若い人の場合には、自分の現実と言えるものが職業のなかにない、家庭にない、学校にない、……となるでしょう。

他方、子どもじみた仲間褒めに認められる「あるはずのものがない」は、成熟の欠如です。絵画の先生が言及した経済界や官界の人たちには、経験をつんだ者にあるはずの慎みと洞察がなく、これも結局は成熟の欠如に帰着します。

演劇青年などの若い人たちに見られる「あるはずのものがない」は、年齢がまだすすんでおらず、未経験の領域がひろすぎるために生じる――そして生じて当然の――成熟の欠

如ですが、充分に経験をつみ、社会的に見れば誰もが文句なく大人と認める人のなかにも、成熟することを知らない心がある。成熟する場をもたない心がある。

この成熟の欠如は、社会なるものが、一般に、自分の心を経験する機会にとぼしい秩序と組織からなることを物語っています。人を形成する力が社会にたっぷりそなわっていることは疑いありませんが、それでも、職業経験や社会経験や世間知にもかかわらず温存されてきたものが誰の心にもあります。社会の秩序と組織はこの手つかずの部分に関与しないところで維持され、手つかずの部分と、社会の秩序や組織とは、たがいに断絶したものとして個個人にいだかれている。さもなくば宗教や哲学や芸術は、もう疾《と》うに現実世界から消えさっていたでしょう。

個個人の経験への委託

要するに、社会の秩序と組織、それと誰の心にもある手つかずの部分、この双方はたがいに断絶しながら共存しているのです。このことが社会のなかでおたがいに了解されているなら、人の心には社会経験などの触れられない部分があるということも、当然のこととして受けとめられるでしょう。

そのように受けとめるなら、個個人には、人のなかでもまれながら、同時に個人的にこの手つかずの部分で経験をかさねなければ見えてこないものがある、ということも充分に了解できるはずです。

この視野から、再出発を志した演劇青年と、その経歴をつつむような経験をかさねてきた著者のことを、もう一度ふりかえってみましょう。

両者は物事にふれる心の先端に生動するものを手がかりにして、敢えてこの手つかずの領域に踏みこみ、そこで自分のなかに生動するものを経験し、それに形を与えることを選んだ――ふたりの活動はまずこのように言い表すことができます。しかも、彼らの理解にそくして受けとめるかぎり、社会経験の埒外でなされた両者の活動は、文字通り「生きて活動すること」になっていたと見てよいでしょう。この点も両者に共通します。

青年のほうは、すでに見たとおり、演劇に深くふみこむ以前にその世界から去っていました。その経緯を伝えた著者もまた、実は、この青年と出会ったころ、「舞台上に見事に完結した一世界を創りだすという意味での演劇、あるいは演出への関心」をほとんど失っており、後に述べるように、演劇の世界を超えて、より広い世界に活動の場をもとめるようになっています。両者は、このように、活動が演劇の世界で完結していないという点でも、共通します。

違いは演劇にかかわった度合いです。著者は――右の引用にそって考えるなら、それも特に「舞台上に見事に完結した一世界」という表現に着目するなら――生きて活動することは、舞台では尽くせない、と理解するところまで演劇を経験し、その経験をとおしてより広い世界への展望を得たと見ることができます。

ではそのプロセスの核心には何があったのか、著者の「軌跡の核にあるもの」に何がどのように作用したから、「舞台上に見事に完結した一世界を創りだす」演出への関心がうすれていったのか——。職業経験や社会経験や世間知にもかかわらず誰のなかにも温存されてきたもの、社会の組織と秩序が関与しない手つかずの部分、誰の心にもある手つかずの部分を、社会一般のなかに据え、生動する心の先端がどのようになっているかを見てみましょう。

(5) 二重のベクトル

「成長」の一般的理解

通常、自分の心がうごいたと感じるこの心の先端は、仕事をふくむ社会経験につつまれて外からは見えず、当人のベクトルは時間と労力のほとんどをついやす仕事と社会経験とによって作られてゆきます。大人になるということは、一般に、職業経験や社会経験や世間知が豊かになることで、その多寡によってベクトルは測られるわけです。学生が社会人となって一年もすると、かつての甘さが払拭されていることを見れば、職業経験をつむことがどれほど大きな力をもっているかは、すぐ頷けます。

他方で、当人自身がこの先端に気づかないこともめずらしくはなく、普通その先端におよぶ作用は、何に、どのように心躍るかで、外から知ることができるだけです。先端の存在が当人に意識されるようになるとしても、それはある日突然、心が折れたり、心理カウンセラーの世話になったりして初めて、その原因となった外的な要因とともに意識されるようになることのほうが多いのかもしれません。

体験の積まれる先端

そうではあっても、体験なるものがまず第一に――それも幼児期から、おそらくは胎内にいるときから――物事にふれる心の先端において積まれてゆくことには、変わりがないでしょう。しかも、幼い子を見ればよくわかるように、心に感じた悦びや緊張や不安や痛みは、そのまま表情や他の身体動作となって表にあらわれます。

この状態にあるとき、ベクトルはいわば外界にむきだしに晒されていると言えます。それが、歳をとるにつれて、内心に何を感じていても、周囲の人には気づかれずにふるまえるようになる。むきだしのベクトルはいつの間にか保護膜でつつまれ、またそうなることが求められてもいます。場合によっては、そう強いられることもあり、それは年齢の如何を問いません。早いときには、中学生のころから、内心の空虚感や鬱屈がどれほどのものか、まったく見えないほど無表情になる子もいます。保護膜につつまれるこの過程は、必ずしも好ましい体験の積みかさねから生まれるわけではありません。

それでも、少なくとも、心の先端で得られた体験は、成長の過程で、不安や痛みをともなわずに得られる知識や経験と合して、自分を守り、なおかつ社会生活を円滑にいとなめる理解の一翼をになうようになるとは言えるでしょう。心が外部にふれる先端は、社会経験をかさねるにつれて伸びると同時に厚くなるベクトルにつつまれ、徐々に外からは見えなくなります。それが保護膜につつまれた状態なのです。

ベクトルの二重化

結果的に、ベクトルは、物事の作用する先端で測られる、通常は短い内側のベクトルと、その先端を大きくつつみこむ、長く厚いベクトルと、二重になって存在するようになります。体験もそれぞれに異なる様相で積まれるようになります。

興味深いのはその様相です。保護膜につつまれた内なる先端での体験が深まるにつれ、当初無条件で自分を惹きつけたものが、いずれ色褪せたり、等身大に見えるようになり、先端自体がはじけ、砕け、その度ごとに視野がひろがってゆきます。

心の先端に生動するものを経験にまで高めようとするかぎり、誰にとっても、このプロセスは避けがたいものです。なぜなら、自分が大きく「わかった」と言える体験をふりかえってみるなら頷けるように、もっとも痛切に感じるところでなされた体験や、常軌を逸したところ、我を忘れるところ、一瞬我を失うところで積まれる体験ほど、最終的に経験と呼ぶにふさわしいものはないからです。

前述の、外界が光を発する光景は、その体験が一瞬のうちに生じた例です。自分をおそう衝撃は予想もしなかったときに一挙にやってきます。しかし瞬時に自得したものが他のもろもろの事柄とかみ合って意味が把握され、自覚的な理解を得るまで、娘は長い時間をすごさなければならない。このように、体験は、衝撃とともに自得したものを根底にはじまる、長い思索をまって、初めて経験となるのです。生動するものが煮つまるまでに時を要し、煮つまって生まれたものが言葉や色や形や音となってあらわれるまでに、また時を要すると言えるでしょう。

現実世界への道筋

他方、演劇教室をひらくまでの著者の経歴は、竹内敏晴なるひとりの人間がこの過程を実際にふんだプロセスとなっています。そのプロセスを一般社会のなかに据えて見るなら、心の先端において幾度も繰りかえされながら、しだいに振幅の大きくなる一連の過程が、「舞台上に見事に完結した一世界を創りだす」演劇をつきぬけ、無数のベクトルの存在する現実世界へ当人の心をひらかせるプロセスになっていたと言えるでしょう。社会のなかで成熟する場をもたない心が体験をかさねる場は、依然として、保護膜につつまれた内なる先端にあります。体験の種類がどうであれ、その作用がおよぶ場は他のところではないのです。

かつて新築地劇団の上演した『土』の舞台で無条件に著者の心を惹いた演出は、青年と出会ったころの著者の心には、もはや訴える力をもたない。『ことばが劈《ひら》かれるとき』を読むと、この舞台を見るまでに著者が歩んだ過程では、言葉がほとんど役に立たなかったこともあって、内なるベクトルが、まるでむきだしのままではないか、と思えるほどです。

ところが、そのベクトルが伸びるほどに外界がよく見えるようになり、それと反比例するように、著者からはしだいに演劇への関心がうすれてくる。

この希薄化は、裏面から見るなら、個々の劇作品や演出の素材となる体験や思索が、著者自身の欲求とその歩みをつつむほどのものではないことが見えてくる過程だった、と言い表すことも可能です。

その間、著者の「軌跡の核にあるもの」の先端がはじけることは、何度もあったでしょう。これは想像にかたくありません。先端がはじけ、砕けるごとに視野があらたまり、現実がより広く深く見えてくる。その拡大と深化を吸収しきれない演劇は、逆に、しだいに小さなものに見えてくる。あるいは、生きて活動することとしての生活のほうが、舞台に上演される演劇よりも豊かなものとしてあらわれてくる。演劇は生きて活動することとしての生活を受けとめる道筋のひとつになり、そのように受けとめる著者の認識につつまれて存在するようになります。

以後、著者の活動は、他の人とふれる接点となる「からだ」をより深く知ることへと重点を移して、演劇教室の開設となり、次いで「生きられる世界」を教育の世界で取りもどそうとする試みへと広がってゆきます。活動の場が広がるたびごとに、著者のベクトルが他のベクトルと交わる現実が多層、多様になっていったことは言うまでもありません。その活動のなかで、演技は「からだ」を――著者の言葉を用いるなら――「劈《ひら》く」方法のひとつとして駆使され、それが同時に出会った人々の言葉を「劈く」ことに資しています。身体のこわばりは精神のこわばりと連動しており、前者をほぐすことが精神のこわばりをほぐすことに通じています。

その詳細は『ことばが劈かれるとき』やその他の著作を実際に読んでいただくのが一番ですが、最後に一言どうしても付けくわえなければならないことがあります。それは、執筆活動が著者自身の体験を組織し秩序立てる作業になっている、という点です。文章の性質を見るところ、竹内敏晴はいわゆる文筆家ではありませんが、自分が何をしてきたのかを知ろうとしたとき、竹内には文章を書くことが必要だったのです。

内なるベクトルの先端における認識には、常に痛みがともないます。では、その痛みは一体なぜ、誰のため、何のためなのか——。受け止め方に狂いがあると自分を見失ってしまうこのような問いを自分自身に向けるとき、そしてみずから答えようとするとき、著者竹内敏晴の歩みは豊かな示唆をあたえてくれるにちがいありません。

補講6　「その発展として」

「その発展として」とは

竹内敏晴の『ことばが劈かれるとき』から引用した文章の検討にだいぶ紙数を費やしましたが、それでもまだまったく触れていない文言があります。「舞台の世界はその発展としてある」です。全文を引用すると、「現代の若者の一見とっぴな表現行動は、日常性というフィクションをやぶって、全身的なコミュニケーションをとり返そうとする試みで、舞台の世界はその発展としてある」です。

この「舞台の世界はその発展としてある」という文言には、よくわからないことが色々とふくまれています。まず、これまでの検討からすぐ思いうかぶ疑問を、ひとつ挙げてみましょう。

それは、演劇や演出への関心がほとんど消えうせた時期に、そしてあらためて眼を現実にむけた時期に、だから舞台の世界と現実の世界のあいだにことさら価値の上下をつける必要がなくなったと想える時期に、なぜ著者は演劇を一段高いところに据えていると読める言葉を記したか、です。つまり、この文言の内容と記した時期が、当時の著者の認識全体とずれているのではないか、という疑問です。

この疑問を解決するために、若者の「とっぴな表現行動」と演劇の関係を著者がどのように見ていたか、という点から考えてみましょう。このように限定するなら、一応の推測が可能になるからです。

俳優や演出家になるにはたいへんな勉強と訓練が必要でしょうが、「一見とっぴな表現行動」はちょっとした工夫でやれるはずです。「心に生動するもの」という点では同じですが、舞台のほうがはるかに複雑です。それなら、この違いがあるから、著者は「舞台の世界はその発展としてある」と記したのだろう、という推測が可能になります。そしてこの推測が適切なら、文言の内容・時期と、当時の認識とのずれは解消します。

しかし、右の推測が一応のところ可能であり、それでずれが解消しても、わからないことは依然として残っています。

著者は「舞台の世界」と「日常生活」を対立的にとらえ、この対立の枠のなかで「生きられる世界」のことを考えていたのでした。「一見とっぴな表現行動」は、その枠のなかで取りあげられた事例です。生活から演劇へ、そしてまた生活へと転じていった例の青年は、その枠のなかに登場しています。それなら、著者は「舞台の世界」と「日常生活」の双方を視野に入れて、「舞台の世界はその発展としてある」と記してもいたはずです。かなり大きな視野から、現実の世界と演劇の世界の関係も視野に入れて、この文言を記したと思われるのです。

そうなると、今度は、現実の世界と演劇の世界との関係を、「その発展として」と言い表すだけで済むのか、演劇——一般には文学や芸術——はそれだけのものなのか、という疑問がわいてきます。これは非常に大きく、答の得がたい疑問です。しかもこの疑問が、依然として残っている疑問のうちで、最たるものです。とても厄介な問題なので、ここではまず、「その発展として」という文言に、これまであえて触れなかった理由から、話をはじめましょう。

理由①　この文言にふれなかった第一の理由は、引用文が著者の演劇観を説明した文脈ではないから、です。そのため、引用文からは、著者が演劇を本当のところどのように理解しているかが、読みとれません。「芸術という別世界」という表現もありましたが、これも、面接にやってくるまでの青年のことを顧慮して「別世界」と語ったのか、著者自身にとってもなお演劇は「別世界」なのか、を判定できません。顧慮して語った可能性のほうが高いと思われますが、そう判定できるだけの文脈がともなっていないのです。

それでも、演劇教室をおとずれた青年の話に読みとれる種類の体験を、著者はずっと前に終えており、すでにその意味を充分にわかった段階で、青年たちの言動を主に二項対立をもちいて説明したものが引用文である、という点は確実です。自由に駆使できる語彙と思考の枠組をもちいているところを見ると、「舞台の世界はその発展としてある」は、青年の言動を説明するときに、必要なかぎりで演劇が何であるかに触れたものであると受けとめてよいでしょう。

理由②　第二の理由は、著者が自分の演劇観を本格的に展開するタイプの人ではない、という点にあります。第六講の最後のほうで、「文章の性質を見るところ、竹内敏晴はいわゆる文筆家ではありません」と述べましたが、著者が「演劇とは何か」や「芸術とは何か」のように大上段にふりかぶって問題を設定することは、考えることすらできません。『ことばが劈かれるとき』がどのような著作かを考慮するだけでも、この点は明らかです。

　この本は著者が自分の軌跡を組織し秩序立てようとして生まれたものです。それはこの本を一読すれば明らかですが、「あとがき」にも「書いている時は、ただ、自分が歩いて来た道筋を整理し、体験したこと、考えたことの意味を自分自身に対して明確にしようとして必死であった」とあります。「文庫版あとがき」には、「この本は初め私自身のためのみに書かれた」とあります。この言葉に続けて、著者は「今になってみると、私の生を貫いて来たたった一つの願いは、ただ『じかに、そして深く、人とふれあうこと』と言えば尽きるのであろう」と語ります。

　このような願いをいだき、「からだ」を通して人と触れあい、「からだ」と「ことば」を「劈く」実践活動に入ったような人は、「演劇とは何か」といった問いを立てて、一般的なかたちで事柄を明らかにしようとはしないものです。著者の演劇観を語ることは、著者に近いところでその演出活動をつぶさに見てきて、意図を的確に判別でき、なおかつ広い視野から抽象的に物事をとらえられる人にして初めて可能な試みでしょう。その試みは、著者との面識すらない私には、そもそも不可能なことです。

理由③　第三の理由は、考える基本を「具体から」と定めたことに関連します。ある文章を引用し、内容について考えるときには、その文章に記されている体験から考えられる範囲を、検討のおよぶ限度にしなければなりません。そうしないと「具体から」と定めた理由がなくなります。

引用文のなかで著者が演劇について語る言葉をささえているのは、あらかじめ手短に説明した著者の前半生と、著者の演劇教室をおとずれた青年や、とっぴな行動をする若者たちです。それが引用文の「具体」です。この「具体」を超えると、検討から現実性が失われます。著者たちの演劇体験が本格的に述べられていないこの段階では、現実の世界と演劇の関係を、著者がどのようにとらえていたかを検討することは不可能です。

以上が「その発展として」に触れなかった理由です。どの理由にも共通するのは、著者が意味していないことや、意図していないことを、勝手に著者の考えだと説明することは慎まなければならない、という点です。

対処方法　しかし、このまま終わったのでは、おもしろくありません。それで、第四講で導入した「ベクトル」という言葉を利用して、「発展」の状態をとらえてみようとしたのです。

どのような状態になれば「発展」と言えるのかは、残念ながら、引用文からとらえられません。しかし、「芸術という別世界」も、人間の創るものです。その世界は「生きて活動すること」のなかに開かれてくるはずです。それなら、その「生きて活動すること」を示すベクトルの在り方をもう少し詳しく検討すれば、「発展」と言える状態が見えてくるのではないか、と考えたわけです。

一般的考察の導入

「ベクトル」は誰にでも当てはまるので、その考察は一般的です。せっかく考える基本を「具体から」と定めたのに、なぜ一般的な考察を導入したのか、と不審に思われるかもしれません。これはとても大切な疑問です。ふたつの点から、この疑問を見てゆきましょう。

その一

第一の点は演劇青年を例に説明します。この青年は劇団で研究生をしたあと一時的に商事会社に勤めたが、芝居をやることにしか生きがいを見つけられないと感じて、再出発のために訓練を受けにきたのでした。

この説明を読めば、読者は、特定の人間であるこの青年のことを説明された、と思うでしょう。

しかし、劇団の研究生はたくさんいます。商事会社に勤める人もたくさんいます。劇団研究生と商事会社勤めという説明を読んだだけでは、この青年を、多数いる劇団研究生のひとり、商事会社に勤めた人のひとりとして――つまり社会のなかで一般的に成りたっている枠をもちいて――受けとめているにすぎません。

この段階では、書き手も読み手も、まだ、青年に外部から当てはめられることから、その輪郭をとらえているだけなのです。簡単にいえば、よくいる演劇好きの青年なのだろう、と推測しているだけで、特定の人間である青年の姿が具体的に浮かんできているわけではありません。

再出発のために竹内演劇教室をおとずれたというところまできて、青年に外部からくだす判断の範囲(一般的な理解の範囲)がかなり狭まってきます。それでも、この青年がなぜ芝居をやることにしか生きがいを見つけられないと感じているのかは、まだわかりません。読者がこの特定の青年をうごかしているものを理解するのは――その青年を内側からわかる手がかりが得られるのは――青年と著者の対話と、それに加えた著者の説明を読んだときです。

青年と著者の対話からは、芝居をやることにしか生きがいを見つけられないと言う青年の、内発的な動機が見えてきます。これは内側からの理解と言えるでしょう。「おれはドモリだという劣等感こそ、かれの生のいちばん痛切な感覚であり」云々とつづく著者の言葉は、その劣等感を同様の多数の劣等感のなかでとらえながら(つまりその内側の理解を一般化しながら)、内発的な動機の意味を説明したものです。

ここまで読むと、読者には、おぼろげながら、ひとりの人間像が浮かんできます。おぼろげではあっても、写真を見せられるよりもはるかに明瞭な、青年の人間像がうかんできます。

このように、ひとりの人が書いた特定の文章を読んで、その意味を考えるときには、内容を現実のなかに据え、他の事柄と共通する点（外部から理解できる事柄、あるいは一般的に言える事柄）から、その特定の内容へと、考える枠をせばめてゆきます。対象を内部から理解したあとにも、その理解を一般化しながら、意味を考えます。

外部と内部から、一般的な理解や考察をふくめながら、対象の意味をとらえようとする以上の作業は、誰もがごく普通におこなっています。（補講5で説明した「分析」はその自覚的な運用です。）考える営みから一般化や一般的な考察を排除したら、考えること自体が不可能になります。こうした一般的な考察をさける必要はまったくありません。

その二　もうひとつはベクトルを利用した検討にかかわりますが、それは著者の考え方にもかかわっているので、二項対立の分析をした結果にもどりましょう。

二項対立の分析で明らかになったことは、著者が「経験の主体となる当人の心に生動するものに第一の関心を注ぐ」という点でした。『ことばが劈かれるとき』や他の著作も併せて読むと、著者はこの「生動するもの」をとおして、一切のものを見ていることがわかります。その「生動するもの」が「からだ」や「ことば」と不可分の関係にあり、著者自身が「からだ」をとおして「じかに、そして深く、人とふれあうこと」を願っていたから、著者は「からだ」を劈く実践活動に入ったと受けとめることができます。

そうであれば、「当人の心に生動するもの」は、引用文に提示されている「事態の核心」であると同時に、著者が一般に物事を考えるときの「枠」ないし基点にもなっていると言えるでしょう。ベクトルをもちいた考察（つまり一般的な考察）を導入したのは、何よりもまず、なぜ著者がこの「生動するもの」にこれほど大きな意味を与えているかを明らかにするためです。

そのベクトルが実際には二重であるのを指摘したことには、実は、狙いをひとつこめています。演劇や小説などに携わる人の活動が、大多数の人々が現実と思っている世界から本当に離れざるを得ないのか、もしそうならどのような関連をたもって離れるのか、を明らかにすることです。

その核心をひとことで言うなら、「芸術という別世界」という言い回しが、本当に成りたつのかどうかです。これはもちろん、現実の世界と演劇の世界との関係を、「その発展として」と言い表すだけで済むのかという疑問と、内容の点で同一です。長年の演出活動のあと、著者の心が無数のベクトルの存在する現実世界へひらかれたとはいえ、その実践活動がなお大多数の人々の現実と、ぴったり重なってはいないとき、この疑問は抑えようがありません。

この疑問を身のまわりでとらえるなら、生活の成りたつ可能性がほとんど見こめないのに、文学や音楽や美術などに踏みこんでいく友人をみて、趣味にとどめられないのだろうかと訝る人たちの疑問とかさなるでしょう。「趣味云々」はすでに触れた問題ですが、この疑問は、心に生動するものの体験から生じる「わかる」という点にかかわっており、根が深く、手軽な答はありません。竹内演劇教室をおとずれた青年の行動を手がかりに、具体的に考えてみることにします。

体験のさなかにあるとき

演劇教室をおとずれたとき、この青年は自分がなぜ芝居をやることにしか生きがいを見つけられないと感じるのかを、充分に説明することはできなかったでしょう。他の人が納得できるように説明することも、自分が納得するように説明することも、不可能だったと思われます。本当のところ自分が何をのぞんでいるのかも、わからなかったと想定されます。

体験のさなかにあるときには、自分が何を体験しているか、本当のところ何を望んでいるか、その意味はわかりません。それがわかるのは一連の体験が終わったあとです。この青年の場合なら、恋愛が成就したあと、演劇を去ってもよいという気持ちが芽生えたときだったでしょう。

そのとき、この青年には、劇団の研究生になった頃からの自分の行動や感情や考えが全体として見えてきて、自分が演劇にこだわらなければならない理由がもうなくなっていることもわかったと推測されます。一五七頁で「女性との交際ではどもらないで話せるようになり、それで芝居をやることにしか生きがいを見つけられないと感じていた理由が一挙にわかった可能性もあります」と記したのは、そのためです。

この青年が仕事をやめてまで芝居にのめりこんでいくのを訝りながら、その将来を心配していた友人がいたと仮定した場合、青年が友人にそれなりの説明ができるようになったのも、演劇を去ってからだったでしょう。

しかし、その話を聞いても、友人が心から納得したかどうかとなると、何とも言えません。体験には、体験した者でなければわからないことが含まれています。無条件に芝居に惹きつけられた体験のない友人は、そのようなものなのか、と受けとめる以外になかったかもしれません。「根が深い」と言った所以です。

体験の意味がわかるのは事後

体験の意味がわかるのは事後です。自分をその体験に導いたものが何なのかがわかるのも、体験が全体としてどのようなものだったか、その全貌が見えてきてからのことです。「事態の全貌がおさまる枠」は、事態の体験が終わって初めて得られるのです。だからこそ、この青年の話に読みとれる体験をずっと前に終えたと思われる著者は、青年たちの言動を二項対立をもちいて説明できたのでしょう。

体験の意味を明らかにするためには、体験それ自体を外側から眺められる地点に立つ必要があるわけです。その著者が「当人の心に生動するものに第一の関心を注ぐ」理由や意味を照らしだす必要がでてきたとき、ベクトルにかんする考察、それも特に「二重のベクトル」の話を外側から導入したのも、同じ理由からです。

その考察は著者のものではなく、その意味で、これは著者にとって外部からの考察になります。しかもそれは一般的な考察です。それでも、その考察はベクトルを「当人の心に生動するもの」に重ねあわせています。そうすることによって、考察の一般性と外部性を最小限にとどめることができるだろうと踏んだのです。

もし二重のベクトルの話を導入しなかったら、著者から「舞台上に見事に完結した一世界を創りだすという意味での演劇、あるいは演出への関心」がほとんど消えてしまった理由は、わからずじまいになっていたでしょう。「演劇は生きて活動することとしての生活を受けとめる道筋のひとつになり、そのように受けとめる著者の認識につつまれて存在するようになる」と記すこともできなかったでしょう。さらには、以後の著者の実践活動につながる流れも、見えないままに終わったでしょう。

個別の歩みに焦点を当てる理由

これらのなかで、「芸術という別世界」という言い回しが本当に成りたつのかどうかにかかわるのは、「演劇は生きて活動することとしての生活を受けとめる道筋のひとつになり、そのように受けとめる著者の認識につつまれて存在するようになる」です。

この文をながめていると、ひとつの可能性が浮かんできます。著者の場合、演劇ないし演出への関心は希薄化していったが、前半生の体験が異なれば、あるいは別の人なら、演劇は色褪せなかったかもしれない、ということです。しかし、可能性としてはそのように語ることができるとしても、著者の過去を変えることはできません。そのベクトルがどこまで伸び、現実との連関がどのようになるかは、あくまでも、以後さらに体験をかさねる著者にゆだねられています。考える基本を「具体から」と定めたここでは、著者の個別の歩みを超えて単なる可能性を指摘することは、慎まなければなりません。

結果的に、現実の世界と演劇の世界との関係を、「その発展として」と言い表すだけで済むのか、という疑問は解明できないことになります。考える基盤となる「具体」が足りないのです。これがさらに三講を書いた理由です。

筆者である私が本書で定めたテーマは、ひとりの人間の現実でもあるベクトルがどこまで伸びるのか、それが多層多様な現実と、そしてまた演劇や文学などの芸術とどのように関連しているか、にあります。さまざまな著作との対話をとおして、このテーマを解決できるかぎりで解決することが、本書の狙いです。テーマ自体はとても一般的ですが、後の三講で取りあげる文章は、歴史書、エッセイ、小説と、それぞれ性質の違う文章からの引用で、どれも著者が自分の体験と欲求を基盤にし、みずから書いた文章にどのような意味があるかを語らないよう抑制した文章です。それなら、著者それぞれが自分を抑制した背後にどのような配慮がひそんでいるかを探りながら、引用した文章から引きだせるかぎりの内容を検討することに、私も自分を抑えなければなりません。これが考える基本を「具体から」と定めた最後の意味になります。

第七講　眼を被うヴェール

歴史を知りたい

社会人になった昔の生徒から、歴史を知りたくなったのですが、やはり教科書から読みなおしたほうがよいですか、と聞かれることがよくあります。仕事をはじめたら、仕事のことはわからないし、自分が大学で何を勉強したのかも実のところわからない。勉強がいったいどんなことなのかもわかっていなかった。わからないことずくめです。せめて、今の世界がどうしてこうなったのかを知るためにも、歴史は知らないといけないと思うのですが、何を読んだらよいかわからない、どこから手をつけてよいかもわからない、だから教科書だけでも読むべきか、と嘆かれることもあります。

このようなときには、次のように答えることにしています。

「高校時代は歴史を暗記物と言って、受験のときに覚えるだけ覚えて、大学に入ってから半年もすると、もうあらかた忘れてしまう。自分の生活や活動圏内にかかわらない知識はなかなか生きた知識にならないから、それは無理もないだろう」。

「だから教科書から読みなおしたいとか、教科書だけでも、という気持ちはわからないでもない。それに教科書を読むなら、わりあい短い時間で全体の見取り図が得られる。その効用は大きい。見取り図をもっていないと、色々な本を読んで細かいことを数多く知るようになったとき、木を見て森を見ないことになりかねない」。

教科書がはらむ問題

「しかし教科書から得られた見取り図で歴史の流れを整理することには、大きな問題がある。教科書には歴史の大きな流れが手短に書かれているが、記述が全体的に平板で、その流れを構成する個々の出来事がなぜ起きたのか、その背景はどうなっているか、このようなことはほとんど書かれていない。これではいつまで経っても現実の脈絡が見えてこない。人が見えてこない」。

「歴史といっても、結局は人間のしてきたことなのだから、個々の出来事にかかわった人たちがどのような人物で、何を考えていたのか、そしてその結果としてどのような政治的・経済的体制や文化の在り方が生まれたのかがわからないと、得られるものは単なる知識で終わりかねない」。

「歴史から生きた理解を学びたければ、自分も出来事がおきた場に臨んでいるつもりで学ばないと、なかなか個々の出来事を現実の事態として受けとめられない。だから、個々の出来事にかかわった人物が見えてくるような本を読むのがよい。あるいはかつての小説家でも思想家でもいいからその著作家の著作を読み、なぜその著作家が自分の生きた時代にそのような作品を書いたり、考えたりしなければならなかったかを知るほうがよい」。

「歴史を知ることは一生のことになる。歴史上の人物は大勢いるのだから、時間はかかるが、そのほうが稔りが大きいだろう。あるいは歴史家の人間像が浮かんでくる歴史書を読むのもひとつの方法だろう」。

歴史に「主観」は不可？

だいたいの社会人はこれでそれなりに納得してくれますが、学生の場合には、「でも、そうすると、個々の歴史家の歴史観や著作家の主観が入ってきて、正しい知識が得られないのではないですか」という質問がかならずといってよいほど返ってきます。検定でさわがれた歴史教科書の問題のことを知っているのでしょう。まるで、「主観的」であってはならないかのように受けとめている学生もいます。

それで試しに、「それなら、君が何かを理解するときにも、君の主観が介入なり作用なりしているわけだから、自分が正しく理解したとはいえませんね？」と訊くと、残念ながらというか、案の定というか、もぞもぞするだけです。なかなかまともな返事がかえってきません。

さらに、「これまで国家同士が敵対したり対立したりしたことは数多くあった。個々の歴史家はそれぞれの国家に生まれ育って、その過去を背負っている。こうした状況のもとで、国籍の違う歴史家たちが、ある事件をまったく同じように受けとめられますか」と訊ねると、それが不可能とまでは言えなくとも、とても困難であることは、ほとんど誰もが認めます。認めはするのですが、それがいわゆる「歴史観」や「歴史家の主観」とどうかかわるのかにまでは、考えがおよばないようです。

年号や人物名や事件の名称など、誰もが共通に知っていることを知れば、歴史を知ったことになるわけではありません。一次資料となる文献を書いたのは人です。二次資料や三次資料を書いたのも人です。何次にもわたる資料を解読するのも人です。ある時代やある事件を最終的に一冊の本にまとめるのも、人です。主観というなら、何重にも主観がかかわっています。一冊の歴史書が生まれるまでには、その数多くの主観が複雑に絡みあっているはずです。

ですから、もぞもぞする学生には、「数多くの主観がどのように絡みあっているかも知らないで、歴史観とか著作家の主観とかを言い立てても、あまり生産的ではない。それぞれの主観が歴史を書く作業に、実際にどのように介入してくるかを知るためにも、歴史書を読まなければならないでしょう。だからまず何か一冊、読んでみたいと思った本を読んでごらんなさい」と答えていますが、実際に歴史書がどのように書かれるかは、一度検討してみる価値があります。

重層する主観

それで、ここでは、個別の出来事を描くことに強いこだわりをみせる歴史家、色川大吉の著した『近代国家の出発』(シリーズ「日本の歴史」第二十一巻、一九六六年、中央公論社)の最初の数ページを取りあげることにします。実際に検討するときには、この本の出版から十一年後に同じ著者の出した『歴史の方法』(一九七七年、大和書房/引用は洋泉社MC新書『定本 歴史の方法』)も利用します。著者自身が自分の経歴や、この本をどのように構成したか、執筆の舞台裏を説明してくれているからです。

まず著者の経歴を見ておきましょう。学者として特異な経歴の持ち主です。

著者色川大吉の経歴

著者色川大吉は「戦争中に東京大学で愚劣な歴史教育を受け」、兵隊にとられて軍隊生活を経験し、戦後に大学を卒業してから、足尾銅山に隣接する貧しい山村で教員になっています。その山村では、江戸時代から明治・大正時代にかけて起こった生々しいドラマや悔恨の言葉をかたる古老たちの話に耳をかたむけながら、「底辺民衆の歴史そのもの」に接して一年をすごします。人里はなれた谷間の村にも、「各部落のボスたちが劇的に没落してゆく逸話」や「高利貸にだまされるさまざまな喜劇」や自殺・発狂などがあったそうです。

著者にとってこの一年は大きな転機になったようです。そのあと教員をやめて上京し、新劇の演劇研究所にはいって演出を学びますが、十四年ほど定職をもたず、「コッペパンの三つと水の一升もあれば三日や四日は生きていられる」という前半生を送っています。現在ならホームレスといわれる人の生活をすごした時期があったかもしれません。

その間、生身の人間の演じる劇をとおして、観客に直接うったえる表現の世界に眼をひらかれますが、歴史の研究をあきらめたわけではなく、身分不定の生活のなかであらためて歴史家としての道を歩むところから、歴史家の色川大吉が誕生しています。一般社会に広く名前が知られるようになったのは、『明治精神史』(一九六四年、黄河書房)のあと、これから取りあげる『近代国家の出発』によってでしょう。

『近代国家の出発』の扱う範囲　この本があつかっている時期は、一八七八年（明治十一年）から一八九四年（明治二十七年）までの十七年間です。具体的には西南戦争終結後から日清戦争勃発までです。つまり、明治維新後に士族のおこした最大で最後の反乱である西南戦争を政府が鎮圧してから、日本が日清戦争に勝って「東アジアの一員として自立していく過程であり、同時に大陸を足場にして膨張していく過程」が範囲になります。

(1)　シベリアの曠野をよこぎる二台の馬車

このような時代をあつかう『近代国家の出発』の本文を、著者は次のようにはじめます。

シベリアの曠野を二台の馬車がよこぎっていた。

一八七八年（明治十一）七月二十三日、皇帝に別れを告げてペテルブルグを出発した榎本武揚《えのもとたけあき》は、モスクワよりボルガを下り、カザンからペルムまでの一千露里《ろり》を馬車でとばし、ウラルの山脈を越え、トムスク、イルクーツクをへてシベリア官道数万キロを突っ走った。

ザ・バイカルを行くときは、八月末だというのにすでに秋色深く、満目蕭条《まんもくしょうじょう》、陽《ひ》が落ちると気温は零下に下がった。

この日、明治十一年八月三十日、日本では右大臣岩倉具視《いわくらともみ》・参議大隈重信《おおくましげのぶ》以下八百名近い従者をひきつれた明治《めいじ》天皇が、史上最大の北陸巡幸に出発していた。

九月三日、榎本の乗車が転覆した。かれは先頭車に助けられて傷ひとつ負わずにはいだした。

九月五日、朝霧とくに深く、氷のはりはじめたセレンガ河を渡った。その夜、明月を左に見ながら、チタに向かって疾走をつづけた。

九月十一日、ネルチンスクからはいよいよ黒竜江《こくりゅうこう》に近い。途中、雪煙があたりを圧し、はなはだ暗澹。しばらくして雪はみぞれをまじえて落ちはじめた。寒風きびしく、車中では長靴《ちょうか》をはいているのに指先がしびれた。

榎本は扉をしめて瞑目《めいもく》し、想いに耽《ふけ》る。

涅陳《ねるちん》城外雪花《せっか》飛ぶ
満目の山河　已《すで》に秋にあらず
明日《めいじつ》黒竜江畔《こうはん》の路
長流我と共に東に帰る

帰ってゆく先は内乱の余燼《よじん》なおくすぶる島国日本である。この広大なユーラシア大陸の絶東、ようやく文明の夜明けを迎えようとしている感慨無量の山河である。

（色川大吉『近代国家の出発』（日本の歴史21）二〇〇六年、中公文庫 より）

幕末から明治維新にかけて登場する人物として、榎本武揚はあまり知られていないかもしれません。経歴を軽くながめてみましょう。

榎本武揚と『シベリア日記』

榎本武揚は旧幕臣で、幕府よりオランダ留学を命じられ、帰国後の一八六八年には海軍副総裁になっています。同年の江戸開城のときに軍艦のひきわたしを拒んで北海道にわたったことや、政権を樹立したが抵抗むなしく五稜郭の戦で降伏したことは、よく知られているでしょう。そのときには、薩摩出身の参謀黒田清隆が頭を剃ってまで助命に奔走したので、命をたすけられました。一八七二年にゆるされて出獄した後に黒田のもとで活動し、一八七四年に特命全権公使としてロシアへ赴いています。日本が樺太にもっていた権益をロシアにゆずり、代わりに日本が千島列島を獲得する交渉のためです。

引用した文章は、このような経歴をふんだ榎本が、樺太・千島交換条約をむすんで、四年ほどのペテルブルグ滞在から日本にかえってくる途中の様子をつたえたもので、その半年の旅を榎本自身がしるした『シベリア日記』にもとづいています。当時の新政府は薩摩の西郷を西南戦争で、長州の木戸を病気で、そして政府の柱だった大久保を暗殺で、と明治維新の立役者をあいついで失い、さらに黒田が病弱の妻を斬りころして世間の非難をあびていたころで、大きく動揺していました。

この引用部分のあとには、榎本が助命され黒田のもとで働くようになった経緯が述べられ、次いでその時期の黒田と榎本の関係へと内容が転じています。その部分も一部を引用しておきましょう。次のようになっています。

榎本の手にウラジオストックからの電信がとどいた。いつもながらの黒田の好意にかれは深謝した。

それにしても、黒田清隆はどうしているだろうか。西郷を西南戦争で失い、大久保を島田一郎らの兇刃に奪われたあと、一時に力を落とした薩派をひきいるものは、経歴からしても能力からしても、黒田のほかにいないであろう。

しかるに、惜しむらくは、黒田には西郷の人格がない。大久保の鉄の意志がない。自分はかれらにかわって、その黒田の弱点を補わなくてはならない。……

(前掲書より)

(2) 意図的に「なぜ」と問いかける

これである程度背景が明らかになったでしょうから、今度は引用した文章をしっかりと受けとめる番です。まずその前半、「……山河である」までを最初から見てみます。すると、日付がとびとびであることがまず眼につきます。天皇の北陸巡幸のことが途中に割りこんでいることも眼に入ります。全体として見ると、ペテルブルグから帰国する途中の榎本武揚の様子を、当時の政治状況をまじえて書いた文章であることがわかります。

さらに読みとるべき内容は?

漢詩が書き下しで引用されていますが、秀作というほどのものではないでしょう。むずかしい漢語や知らない地名は調べればわかります。一通り文章を読んでそのように不明な点を確認したあと、あらためて全体をながめてみると、この文章には「百姓は農民ではない」のように、すでにもっている知識や理解に反する内容はふくまれていないことがわかります。「僕はこの精密な身体技法にほとんど感動してしまいました」のように、違和感を感じる箇所もありません。

引用文はその意味ではわかりやすい文章で、さらに読みとるべき内容は何もないように見えます。冒頭の「シベリアの曠野を二台の馬車がよこぎっていた」という一行が浮かばないために、著者が四ヶ月も「苦吟」したという話を聞いたら、どうしてそんなに、とかえって不思議に思うだけかもしれません。

しかし、手紙ひとつ書くにも色々と思案するのですから、一冊の本を書きあげるとなれば、著者にはもっともっと考えることや工夫するところがあったはずです。このままでは明示的にしるされている言葉の背後にひかえている理解や工夫も知らず、一通り読んだ段階で得られた理解から一歩も出られない恐れがあります。

ではどうすればよいのか。

問いを設定する

まず眼についた点に着目して、問いを設定してみましょう。なぜ日付がとびとびなのか、なぜ馬車で移動中の様子を描写した文章のなかに北陸巡幸のことが入りこんでいるのか、と文章にむかって問いを発してみるのです。

このように問うことは、第一講で記者たちが、なぜ「百姓」が松前まで行くようなことになったのですか、と訊ねたことに対応します。記者たちが自分の疑問にたいする答を網野さんから引きだしたように、文章に明示的に表れてはいない事柄を、文章それ自体から引きだすため、意図的に文章にむかって「なぜ」と問うのです。この方法については、すでに補講3で触れてあります。

すると、次から次へと思いがけないことが出てきます。文章の内容を考慮しながら、最初の問いから実際に見てゆきましょう。

(3) ふたつの問いに対する答

最初の「なぜ日付がとびとびなのか」という問いからは、榎本のシベリア横断の行程をつぶさに考察するつもりはない、という著者の態度を引きだすことができます。暦にそった叙述は、基礎となった『シベリア日記』から必要と思われた内容をえらびだして成ったものだろう、と推測できるからです。

周到に組まれた文章

そもそも、この引用文の場合、思いうかぶまでに四ヶ月「苦吟」したという冒頭の文だけでは、誰がいつシベリアのどの辺りをよこぎっていたのか、まったく捉えようがありません。誰がなぜ、何をするため馬車に乗っていたのかがわかるのは、二番目の文になってからです。「よこぎっていた」正確な日付がわかるのは、四番目の「この日、明治十一年八月三十日、日本では……明治天皇が……北陸巡幸に出発していた」という記述を読んだときです。「よこぎっていた」のが広大なシベリアの「どの辺り」なのかがわかるのは、その日付と直前の「ザ・バイカルを行くときは……」を組みあわせて考えたときです。

これほどに内容が組みあげられた叙述であることに気づけば、二番目の問いにたいする答はもう得られたも同然です。「この日」は「シベリアの曠野を二台の馬車がよこぎっていた」日です。しかも天皇が北陸巡幸へ出発した日です。著者は意図的に天皇が出発した日をえらんで、榎本の帰国途中のひとこまを冒頭に描写したのです。歴史家の「主観」を言うなら、それはこの点に明瞭に窺えます。第二の問いにたいしては、それはそもそも著者の意図だったという答が得られるわけです。

ただ、この文章では、同一日であること、榎本の帰国の道中を描写したこと、この双方が大切です。なぜなら、もし同一日という点だけが大切なら、道中の軽い事故でしかない榎本の乗車転覆をわざわざ記す必要はなく、道中のその後をたどる必要もないからです。

(4) なぜ冒頭に馬車行が描写されているか

しかし、このように理解したところで、ひとつ疑問がわいてきます。この『近代国家の出発』は歴史書ですから、著者が執筆を分担した西南戦争終結後から日清戦争勃発までの歴史をつたえることが第一の課題だったはずです。小説ならぬ歴史書で、なぜわざわざ冒頭に馬車行が描写されているのか、と何か釈然としないのです。

執筆の舞台裏に迫る読み方

この疑問を解くことは、執筆の舞台裏にせまって、著者の念頭にあったものをとらえる作業に通じてゆき、これもまた読書の醍醐味のひとつになります。やってみましょう。

この疑問をもっと砕いて表現すると、なぜ著者はその十七年間に生じた膨大な事実のなかから最初に榎本のシベリア行をえらびだしたのか、なぜそのひとこまを天皇の北陸巡幸への出発日にかさねたのか、なぜわざわざ道中の一部を描写したのか、となるでしょう。最初の疑問はこのままでは解きようがありませんが、同一日にかさねたことはもう明らかなように著者の作為です。そして、道中の描写は、必ずしも歴史の叙述にもとめられる要素ではありません。

気軽に読みながしているときには、読みすすむたびに出てくる新たな事柄に気をとられるので、ことさらにこのような疑問がうかぶことはないかもしれません。そしてそのほうが普通の読み方でしょう。

しかし、いったんこのように疑問がうかんでしまうと、今度は描写が不徹底であることに気がつきます。曠野を横切っていたというのは一日のどの時点だったのか、天候や道の状態はどうだったか、などは記されていないからです。

著者は馬車行全体をひとつの光景として描いているのでしょうから、この指摘は筋違いですが、小説家なら読者がこのような疑問をいだかないように作品を仕上げるはずです。ところが、この文章では、そこまでの描写はおこなわれていない。いきおい、この描写は何のためだったのか、という疑問がまた浮かんでくるはめになります。

疑問を解決するために、もう少し先を見てみましょう。

疑問から浮かび上がる意図

その叙述は榎本から、頭を剃ってまで榎本をたすけることに奔走した黒田を経て、政府が天皇の北陸巡幸をくわだてた背景へと転じてゆくのでした。「同一日」と「描写」という二点にこの展開を組みあわせると、描写の主眼は馬車行それ自体にあるのではなく、その描写を日本の政治状況を描きだす導入部にすることにあったと考えることが可能になります。天候や道の状態は書く必要がなかったのです。

この書き方は小説や映画でもよく利用されます。最初から核心に入るのではなく、周辺から話をはじめるやり方です。

この目的にとって榎本はうってつけの人物です。黒田との関係をとおして権力中枢の一員となりながら、旧幕臣という過去は消しようもなく、全面的に中枢に属しているわけでもない。榎本はそもそも政府のなかで中枢と周囲をながめられる立場にいるのです。それに、時期です。明治政府が大きく動揺していたときに、榎本がロシアから帰国する途中の行程を利用すれば、ユーラシア大陸から日本列島へと、大きな視野から権力中枢にせまることができます。

著者は、『近代国家の出発』冒頭で、このような立場にある榎本の馬車行を暦にそって叙述することで、一幅の絵を描きながら、当時の政府中枢がおちいっていた窮境へとせまってゆくつもりだったのでしょう。著者は明らかにここで意図的にひとつのストーリーを組み立てています。

実際、引用した部分はそのまま映画にできそうです。たとえば、まず俯瞰する位置からシベリアの曠野をスクリーン一面にゆったりと映しだし、次いで徐々にカメラの焦点を一点にしぼって、二台の馬車が見えてくるようにする。最初はぽつんと点のように、しかし次第に馬車を大きく映しだし、御者が馬にむち打つ姿までわかるようにする。ひとしきり二台の馬車がはしる場面を映しつづけたあと、一転して地表すれすれに置いたカメラから、疾駆する馬の姿と引かれる馬車を映しだす。地肌の見える瘦《や》せた大地や森をとおりすぎるカットをいくつか展開する。その間には地名を示す標識のカットも入れる。それからおもむろに車中の榎本をスクリーンに登場させ、スキャンダルの渦中にある黒田の身の上を心配する表情を大写しにする。駐露特命全権公使としてロシアにいた榎本にも、黒田が妻を斬りころした事件はつたわっていたからです。

多面的な現実を描く工夫

この流れで見た場合、榎本はなによりも黒田との関係で取りあげられていたことになります。しかし、冒頭に榎本を登場させた理由がそれだけでないことは——引用はひかえますが——榎本にかんする叙述がおわる箇所を見れば、充分に推測がつきます。

著者は、まず、黒竜江をロシアに取られてかえりみない中国人を見る榎本の眼が、「遅れたかれらを見下す蔑視の眼であった」と指摘します。次いで、榎本がこのとき朝鮮支配を「わが国将来の『ポリチカル』と『スタラテジカル』上の要務だ」(「政治的・戦略的な活動に重要」の意)と進言したことはのちにのべよう、と言いそえます。これは決定的です。この一言によって、この本の最後にとりあげる日清戦争と、「大陸を足場にして膨張していく過程」を示唆するからです。

現実は多面的で、一挙にその全貌を描くことはできません。それでも、一国の歴史を全体として描こうとするなら、自分が執筆を担当しているのがかぎられた期間ではあっても、骨格としてまず政治史をしめすのが普通でしょう。著者がこの常道を踏襲したことは明らかです。

しかしそれだけではありません。出だしの最後に榎本の蔑視や進言を書きそえているからです。著者はこの付加によって、これから叙述しようとする、権力中枢と、骨格のもうひとつの面である対外政策との緊密な連関を示唆し、後にその問題の叙述にうつる布石のひとつとした、と推測することが可能になります。

叙述が示唆する大きな構想

冒頭の数行を分析することで、著者が個々の文を入念に組みあげていたことが明らかになりましたが、榎本にかんする叙述からは、本全体が大きな構想から組みあげられ、ひとつのストーリーを成していると推測できるのです。このような構想やストーリーを、単なる「主観的」という言葉で片づけることは不可能でしょう。

⑸ なぜなりかわって内心を叙述するのか

これで冒頭に榎本武揚のシベリア行がある理由を一通り理解することができました。当時の政治状況の叙述への導入部に用いたこと、それに後の叙述への布石としたこと、この二点です。しかしなぜその道中を描写したのかという疑問はまだ残っています。

この問題を解明すべく馬車行のあとを見てみると、まず、道中につくられた漢詩を書き下し文にして榎本の感慨をつたえ、次いで黒田の身をあんじる榎本の内心を叙述する、という展開になっていました。

歴史書として異例な書き方

この書き方は、人物の行動だけでなく、内面の在り方からもストーリーを引きだして叙述をすすめる書き方です。歴史書は歴史小説ではなく、その叙述は客観的でなければならないという一般通念から見ても、学者の書く歴史書の通例に照らしてみても、これは異例の書き方になります。

どのように異例であるかを確認するために、あらためて黒田にかんする叙述の一部を見てみましょう。「榎本の手にウラジオストックからの電信がとどいた。いつもながらの黒田の好意にかれは深謝した」という説明につづけて、著者は次のように記していました。

それにしても、黒田清隆はどうしているだろうか。……惜しむらくは、黒田には西郷の人格がない。大久保の鉄の意志がない。自分はかれらにかわって、その黒田の弱点を補わなくてはならない。

（前掲書より）

自分をかさねる

最初の「それにしても、黒田清隆はどうしているだろうか」は、文字通りに見れば、黒田をおもいやる榎本が自分の情を吐露した文です。次の「惜しむらくは、黒田には西郷の人格がない」は、榎本の判断を示した文です。しかしその双方とも、記しているのは著者の色川大吉ですから、この書き方は著者が榎本に自分をかさね、榎本になりかわってその気持ちや考えをしるす書き方になります。

政府の高官も人です。駐露特命全権公使としてのこの時期の榎本には――中央官庁の官僚のなかに今も存在するように――自分もまた国家を背負っているという自負があったでしょう。「自分はかれらにかわって、その黒田の弱点を補わなくてはならない」は、その榎本の、旧幕臣だった立場をものともしない抱負や気概や自信を、榎本にかわって言い表したものになります。

ロシア皇帝に別れをつげて帰国の途についた榎本にとって、自分が日本という国家の高官であること、すでに維新政府の中枢につらなる人間になっていることは、わざわざ語ることすら愚かなほどにわかりきったことだったでしょう。右に引用したどの文も、その認識を前提として、発想されています。

このように政府内での立場を自覚していたことが明瞭な人物の行動を現実のひとことまと呼ぶなら、その心中にいだかれた思いと判断もまた現実のひとこまになります。しかも、内心にいだかれた思いや判断から行動が生まれるのが普通で、双方あいまって全体を成すとあれば、現実の脈絡のなかで榎本の行動を理解しようとするかぎり、歴史家であろうとなかろうと、その行動を生む思いと判断を無視することはできないはずです。「東アジアの一員として自立していく過程」といった記述は、その思いと判断に眼をむける必要がないときのものです。歴史書はそれでよいと考え、このような記述だけでわかったと思うなら、それはおそらくは慣れからくる浅慮であり錯覚です。

外から見えない心中を想像力と推測でとらえるとき、著者は榎本に身をかさね、その榎本が当然いだいていたであろう認識を前提に発想し、当人になりかわってその内心を描写する――歴史書にはめずらしい叙述ですが、歴史を叙述する方法として、この書き方を無下に否定することは、おそらくできないでしょう。

(6) 文章をつづっているのは誰か

しかし、当人になりかわって内心の動きを言葉につづるということは、生活のなかで誰もが経験しているように、容易なことではありません。実際にはほとんど不可能です。とするなら、著者はなりかわれるほど榎本の心理に同化したと思ったから、内心を文章につづることができたと考えるべきです。

権力中枢につらなる人物になりかわってその内心を描くことは、権力の価値観にそった叙述になる危険があります。歴史家としての著者の立場がうたがわれる可能性すらあります。それでも、この同化は同意ではないので、俳優の演技と同じ性質をもち、かつて演劇を学んだ著者ならではのものと受けとめてみましょう。俳優は主人公であろうと端役であろうと、劇中の人物になりきって劇を演じるものです。しかも、その演技が真にせまったものであればあるほど、現実はよりよく再現されるでしょう。

そうではあっても、歴史書は本当にそれでよいのかどうか。演劇ならぬ歴史において、俳優が劇中の人物を演じるように、著者が榎本に身をかさね、当人になりかわって内心をつづることが適切なのでしょうか。

実際の『シベリア日記』

榎本自身が記した『シベリア日記』を見てみましょう。このなかで黒田に深謝した文面は、電信があった次第をしるした文のあとに「黒田氏の厚意を深謝するに堪へたり」とあるだけです。その直後は「夜に入りて鶏を買ひ日本料理を食ふ」で、日記の主な内容をなす日々の行動や見聞にうつります。アムール河に入ったときに、「何となく家郷へ一歩近づきし心地せり。宿志を遂ぐるを得たれば予が悦び知るべし」と内心がしるされたのは稀な例です。心中の思いを言葉にするには、心を整えてじっくり取りくむ必要がありますが、帰国をいそぐ榎本にその余裕はなかったでしょうし、それは榎本の要務でもありません。心がおのずから整ったとき、感慨はわずかな漢詩や和歌となるほかなかったというのが実情だったと推測されます。

では、その詩と歌が秀作とは言いがたく、榎本の心中が充分に見えてくるわけでもないとき、それでも当人になりかわって内心をつづるところまで歴史書が踏みこむ必要があるのかどうか……。

このように考えてゆくと、榎本の叙述にかんする疑問は、結局のところ、歴史はどう書かれるべきかという、非常に基本的な問題にゆきつくことがわかります。歴史の教科書でよく騒がれるように、これは誰もが関心をもたざるを得ない問題で、歴史家ならもちろん避けては通れません。当人になりかわって内心を叙述した文章は、とても大きな問題をはらんでいたわけです。

ですから、この問題を念頭におきながら、あらためて榎本の情を吐露した文や判断を示した文をながめてみましょう。

読者色川か、
するると、ここでの叙述がかつて演出を学んだ著者ならではのものであると

歴史家色川か
認めても、またあらためて、歴史の書き方に直接にかかわる疑問がでてき

ます。それは、榎本武揚になりかわってこの文章をつづっているのはいったい誰なのか、引用文の典拠となった『シベリア日記』を読んだ色川大吉なのか、それとも歴史家の色川大吉なのか、という疑問です。焦点をひとつに絞って、その情や判断は誰のものか、と言いかえることもできます。

歴史家が資料を読むときには、ひとりの読者として読むわけではないでしょうが、虚心に読まなければ文章は素顔を見せてくれないのですから、『シベリア日記』を読んでいた色川はやはり読者と捉えるべきです。そして文章をつづっていたのが読者色川なら、あるいはその文面にあらわれた情や判断が読者色川のものなら、誰も何も言う必要はないでしょう。それは読者個人のまったく私的なことに属するからです。

ところが引用した文章は公刊された書物の一部です。書き手は歴史家色川大吉以外の人ではあり得ません。とすれば問題は、著者にこの両者を区別する意識があったのかどうか、ということになってきます。

(7) 個人・色川大吉

歴史家としての色川大吉には、読者として『シベリア日記』を読んでいだいた読後感や榎本にたいする思いを、そのまま歴史を叙述する文章の一部としなければならない理由はなかったはずです。

ですから、ここで、もし著者に、読者としての自分と歴史家としての自分とを、区別する意識があったら、と仮定してみましょう。その場合、膨大な資料を読むことによって、榎本武揚なる人物の内心を掌にながめられるようになったあとでも、読みとった内容を叙述するときには、榎本にたいしてもっと距離をとって、歴史家としての自分をたもった書き方が可能になったはずです。ところが、実際には、著者はシベリアの曠野をよこぎる榎本に自分をかさね、その心情を吐露する文章をしるす――榎本の内心をつづった者は個人としての色川大吉だったのでしょう。

叙述自体にただよう叙情

それかあらぬか、榎本になりかわって内心をしるす文章に叙情が認められるように、榎本の状況を説明する文章（小説なら地の文章）にも、同質の叙情が認められ、その文章には双方を弁別してしるそうという意識が感じとれません。漢詩を引用したあとの文章がすでにそれに該当します。あらためて引用しましょう。

帰ってゆく先は内乱の余燼《よじん》なおくすぶる島国日本である。この広大なユーラシア大陸の絶東、ようやく文明の夜明けを迎えようとしている感慨無量の山河である。

黒田からの電信を受けとったという状況の説明から内心の記述にうつるとき、文章は繋ぎ目が見えないほどに同一の音調でつづられていましたが、この状況記述には漢詩よりも叙情がたゆたっているのではないかと感じられるほどに、漢詩を詠んだ心が映しだされています。それは、言うまでもなく、「感慨無量の山河である」にもっとも顕著です。この書き方は著者が執筆時に歴史家色川大吉と読者色川大吉とを別のものとしてとらえてはおらず、その発想すら希薄だったことを物語っています。

(8) 歴史は描かれなければならない

民衆の叙述にもたゆたう叙情

とても興味ぶかいことに、この未分化な状態は、内容が一転して民衆の叙述になったときにも、変わらずに維持されます。「幾百万の農山漁村の民衆は、一家独立の日を夢見て故郷の村を去りながら、かえってちりぢりに離散し、社会の底辺のすみずみに吹きよせられ、声もあげずに死んでいったであろう」と記しています。著者は、榎本に身をかさね「それにしても、黒田清隆はどうしているだろうか」と心中を想うときと同じ筆致で、零落した民衆の境遇を想うのです。

本講でとりあげた『近代国家の出発』には、このように、事実をしるす冷静な文章にまじって、言葉のはしばしに情のこもった文章がつづられています。しかし、右の二例の場合、心中を想う心は同じでも、一方は政府の高官、他方は底辺にあえぐ民衆です。対極的ともいえるほどに境遇のちがう両者に接して生まれる情には、おのずからなる質的相違があるはずです。ひとりの人間のなかに双方が同時に共存することも、ひとりの人間が双方に同じ心で接することも、普通は不可能でしょう。望めばなれたはずのエリートになる道をすて、みずから民衆のなかに身をしずめた著者であっても、それが可能だとは言いがたかったはずです。

おそらく、叙述対象にたいする想いがそのまま漏れでてくるような文章をつづっていたとき、著者は内心に相反する感情をかかえこみ、書くことで——もっと正確に表現するなら、この著作は書かねばならぬという責務の念によって——かろうじてふたつに分裂した自分の心を維持していたと推測されます。

榎本武揚のことをつづる文章、底辺民衆のことをつづる文章、その双方が——さらには日付をおって馬車行を叙述する文章までもが——よく抑制され、沈鬱な響きをつたえていることは、分裂した心をたもつ努力が並大抵のものではなかったことを示唆します。歴史がおもしろいから大学で歴史を専攻し、大学院で歴史研究の専門家になる訓練を経ただけの者からは、その努力に必要なエネルギーを汲みようがない。著者の文章の沈鬱な響きを耳にとどめ、この点に想いをおよぼすとき、ここでもまた、前述の問いと本質的には同一のことを問わざるを得なくなります。——ではその努力をした者は誰なのか、歴史家色川大吉なのか、個人色川大吉なのか、と。

この問いにたいする直接の答をだそうとするなら、答は明らかです。ふたつに分裂した心をたもち整えた者は、歴史家としての訓練をつんだ個人色川大吉となる以外にないからです。この答で歴史家色川と個人色川が並列や対置の関係にあるわけではないこともはっきりします。

個人色川と歴史家色川

ただ、歴史家になるための訓練は、人としていだく色川の欲求や要求とは無縁にもおこなわれていたはずです。『近代国家の出発』を著すときに必要だった文書の解読も、個々の文を入念に組むことも、本全体を大きな構想から組みあげることも、知的な段階でおこなわれる処理で、心を整えることに腐心する個人色川は、この知的処理の外にある――言葉のはしばしにこもる情や、文章にそなわる沈鬱な響きは、個人色川が心を整えることに腐心した結果なのです。

エリートを約束された東京帝国大学への入学、そこでの愚劣な歴史教育、兵士としての体験、敗戦による旧来の価値観の崩壊、エリートの道をすてて教師としてすごした山村での生活、その生活で知った底辺民衆の歴史、みずから底辺の生活者であった過去……、このような経歴をもつ色川大吉は、自分の体験に忠実であろうとしながら、歴史家として自己を形成したと見てよいと思われます。

その著者の歴史観がどのようなものかとなれば、このような軌跡を描きながら形成された自己認識や社会認識、人間の認識と一体になって生まれた、と見る以外にありません。その歴史観だけを取りだして云々するのは、抽象の域に終始し、個人色川が心を整えるときに要した腐心に気づかないままに終わるでしょう。

個人色川には生活者として生きるかぎり抑制しきれない感情や想念が多々生まれる。その個人色川が歴史家に必要な訓練と研究を経たところで、歴史家色川は生まれていたわけですが、歴史家色川をかかえる個人色川は、なおその訓練と研究によっては濾過しきれないものによって支えられていたのです。

この著者は心を整えなければ文章が書けない。しかも、整った心に呼応する言葉がやってこなければ、文章が書けない。というより、心を整えることと、呼応する言葉がやってくることとは、同時に進行していたでしょう。整えた心を盛る言葉が生まれなければ一行も書けないのは、そのためなのです。

著者の基本的スタンス

どの社会階層にも距離をとり、一貫した立場をつらぬこうとすれば、いわゆる冷静で客観的な叙述が可能になります。しかし、対象にたいしてまず心で接して、その内心までも描きだそうとする著者にとって、それこそは肯《がえ》んじられない書き方だったでしょう。歴史は、対象にたいする自分自身の想いが言葉に混入する文章をしるしてまでも、描かれなければならなかったのです。

(9) 痛烈な批判

見れども見えず

ところが、なんとも奇妙なことに、ほかならぬこの著者が、社会の底辺に生活する人々を「くず、ごみ、かす」と呼んではばからないマルクスの文章を、ある論文で歴史叙述の模範と賞賛し、のちに痛烈な批判をこうむっています。この賞賛と批判について語ったのは著者自身で、批判されるまで自分の盲目さに気づかず、批判をうけいれるまでにはかなり時間がかかったとも語っています。

しかし、批判された理由は、これまでの検討から容易に導きだすことができます。それは理論的な考察につきまとう難点で、すでに述べた言葉を利用すると、「心を整えることに腐心する個人色川は、知的処理の外にある」という点にからみます。詳細に考察する余裕がないので、要点だけをとりあげることにしましょう。

著者がマルクスへの賛辞をふくむ理論的な論文「歴史叙述と文学」を発表したのは一九五八年で、『近代国家の出発』の出版（一九六六年）より八年前のこと。著者三十三歳のときで、著者の最初の論文です。この年齢期ではまだ先達の胸をかりて考えざるを得ず、この論文では著者もその道を歩んでいます。歴史が芸術になり得るかどうかを文学との対比で展開したその思索は、著者が十代から考えてきたことをまとめたものと見られます。

若いときには自分が何をしているかを知りたい気持ちがつよく、それが理論的な著作にむかうと、哲学書などを読みあさることにもなります。この時期に感動した著作が歴史的に権威となっている哲学者や思想家のものである場合、その権威は感動とむすびついて深く記憶に定着し、内容をあらためて検討しなくなることも少なくありません。

問題の所在

それに加えて、十代から二十代にかけては、先達の思索を一語ずつ丹念にたどる力がまだなく、そのようにして著者像をとらえる訓練が大学でおこなわれることも普通はありません。しかも、この時期は、一挙に生まれた感動や関心にとらわれてしまい、自分がそのようにとらわれていることを、ほとんど自覚できない年齢期でもあります。

往年を回顧した著者の文章をながめると、著者はこの力も訓練もないままにマルクスを読んだようです。それなら、感動した側面や関心をいだいた側面（著者の場合には歴史が芸術になりえるかどうか）に眼をとらわれやすいこの時期に、社会の底辺に生活する人々をあしざまに罵った文面に著者が気づかなかったとしても、それを強いて批判する必要はないでしょう。

問題は同じ賞賛をほぼ二十年後の一九七七年に出版された『歴史の方法』でも――『近代国家の出発』を著した八年後にも――くりかえしていることです。若さいっぱいの二十年前の論文をことさらに批判する理由はないのですから、著者を批判した論文が一九七八年にあらわれた原因も、この賞賛の反復にあったと推測されます。色川自身は、自分に理論軽視の傾向があるから、民衆の「底辺意識」の把握に甘さが生じたことを批判された、と受けとめています。

何が足りなかったのか

どれほどに多様な体験があっても、どれほどに歴史家としての訓練と研究をつんでも、そして零落した民衆に自分をかさね、その悲惨な境遇を想う文章をつづっても、見れども見えずだった自分に気づくためには、何かが足りなかった。

ではそれはいったい何だったのか。

見えやすいところで足りなかったものを挙げてみましょう。この講で検討した引用文は叙情をたたえ、同時によく抑制された沈鬱な響きをつたえているのに、それがマルクスへの感動とは異質だったことに気づいていない、この点がすぐ挙げられます。かつての感動とむすびついていた権威をうたがうことをせず、内容をあらためて検討しなかっただろうということも挙げられます。しかし、根本的には、知的努力による考察に付きまとう欠点を視野に入れなければなりません。

まず指摘できることは、理論的考察にふけるとき、考察する自分は考察の外におかれやすい、という点です。簡単にいえば、自分が見えなくなるのです。考察する自分をまるごと対象とすることから自分の考えを起こすことは極めて稀で、そのため理論的考察に専念することで得られる理解の網の目のなかに、心がなしとげたことは――自分の心がなしとげたことすら――入らなくなるのです。自分の心を整えることに腐心する個人色川が「知的処理の外に」あったことを想いおこせば、これはすぐ頷けるでしょう。

次に指摘できること、そしてこちらのほうがより根が深くなりますが、対象にたいする自分の想いが言葉に混入するほど描くことに没頭した心、対象をどうしても描きたいという無条件の欲求が知的に解明されるなら、著者にはそもそも描く必要もなかった、という点です。

誰でも自分を知りたい。自分の心を知りたい。しかし、心は対象化しきれない。知的能力にできることは、ほとんどの場合、心によりそい、その動きをみつめ、補佐することにかぎられる――。

批判者は色川の沈鬱な文章がどこから出ているかを読みとれず、「『近代国家の出発』はヒーロー、ヒロインの現われるような叙述の文体で書かれていると思う」としるしています。この人は、理論的な思索の甘さのため、文章をとおして現実を把握する力が弱かった色川の欠点にとらわれるあまり、この点を失念していたと思われます。

批判の痛棒によって見れども見えずだった自分に気づかされたときの著者の痛みは大きかったでしょうが、同時にはっとして大きく視野の開けるところがあり、最底辺の民衆を「くず、ごみ、かす」と呼んではばからなかったマルクスの現実理解に追随していた自分の「理解の枠組」も、現実をとらえる自分の「思考の枠組」も、全面的に破棄するにいたったようです。

それは、当然のことながら、事実の選択配列や叙述描写といった作業執筆のレベルを超えた域にある問題で、なお自分の眼を被っているヴェールを取りさるためにはどうすればよいか、あらためて自分を組織するにはどのようにすればよいのか、といった課題であったと読みとれます。自分のベクトルをどこに伸ばせばよいのかとなって、そのときには答えようもない、茫然自失する問いでもあったでしょう。

どの書物も結局はひとりの人間が著すものです。課題は個人に還元された域で問われていたのです。

なお、『近代国家の出発』を読まれるときには、普段の読書のときより心持ちゆっくり読むことをお勧めします。そのほうが著者の文章のリズムに合うからです。

補講7　文脈と現実の脈絡

第七講の「眼を被うヴェール」で五人の著作家の文章を検討したことになります。どれも内容を考えると実際には厄介な文章でしたが、ここで、これまで検討してきた文章や内容を利用しながら、文脈と現実の脈絡のことを整理しておきましょう。双方を丹念に考察しながら文章の内容を考えることが、学校教育でも、学者の論文でも、一般の読書でも、とても疎かにされ、意外な落とし穴になっているように見えるからです。第一講に見られた新聞記者たちの誤解はその一例で、これは理由を考えるとだいぶ面倒な現実のプロセスへと通じてゆきましたが、それならなおさら文脈のもつ大切さから再確認しておきたいものです。

同じ文章を利用すると退屈になるので、第七講「眼を被うヴェール」から、引用文の冒頭を具体的事例として取り上げます。「シベリアの曠野を二台の馬車がよこぎっていた」という文です。

確認①孤立した事実は何も伝えない　この文からわかることは、①場がシベリアの曠野、②時が過去、③物が二台の馬車、④動作が横切る、以上の四点です。ここである人がこの文を別のある人に話したと仮定してみましょう。

聞いた人は耳にした順に以上の四点を頭にとどめながら、無意識にもこの後にさらに何かが続いて話されるだろうと心づもりしているはずです。しかし、話し手が「シベリアの曠野を二台の馬車がよこぎっていた」というところで話を止め、しばらくの間、何も言わなかったらどうなるでしょう。生活のなかなら、友人が慌てふためいてやってきて「たいへんなことになった」と言ってから、そのまま口をつぐんでしまった場合などが同様の事例になります。

始めのうちはどうしたのだろうと怪訝《けげん》な顔をしながら次の言葉を待っているでしょうが、いつまで経っても話し手が口を開かないでいると、聞き手は次第に苛々してくるのではないでしょうか。二台の馬車がシベリアの曠野を横切っていたとして、それがどうしたと言うのですか、それでどうなったのですか、という疑問がどうしても募ってくるからです。

そのように疑問が募ってくるということは、この文だけでは語り手が何を伝えたいのかまったくわからない、ということを意味します。過去のあるときに二台の馬車がシベリアを横切っていたということがわかり、それがわかった時点でこの文は過去のある出来事を伝える役割を果たしたことになりますが、この文を通して語り手が伝えたかったことに関するかぎり、何も伝えず、どのような役割も果たしていない。なぜ語ったのかについても何も伝えません。これがここで第一に確認したい点です。

言葉をかえて言い表すと——和歌や俳句のように文ひとつで成りたち得る場合をのぞくなら——孤立した事実や孤立した事実を盛る文は、その事実や文をとおして語り手が伝えたいことに関するかぎり、何も伝えない、となります。語り手（そして著者）の伝えたいことが問題となっていることを失念しなければ、これを簡略化して、孤立した事実は何も伝えない、と整理することができます。

確認②「わかる」は現実の脈絡から

以上から、個々の文は文脈があって初めて伝えたいことを伝えることが可能で、その内容は現実の脈絡（個々の事態がたがいに結びついて生まれる連関）があって初めて理解できるようになる、と言いかえることができます。言われてみれば当たり前ですが、ではなぜこの当たり前のことが「百姓は農民ではない」の場合に踏まえられなかったかと考えると、当たり前と言ってすますわけにはゆかなくなります。もう少し考えてみましょう。

事例として取り上げた「シベリアの曠野を二台の馬車がよこぎっていた」という文を通して、事実がひとつ提示されたのでした。しかし、なぜ馬車なのか、なぜ二台なのか、なぜシベリアなのか……と考えてゆくと途端にわからないことだらけになって、文の内容を現実世界のなかに位置づけることができなくなります。「なぜ」と問いはじめた途端にわからないことだらけになり、記された内容を現実世界のなかに定位できず、著者との関係もわからない——このようなとき「理解」は成立しないわけです。これが第二に確認したい点です。

確認③ストーリーのなかで理解

　理解が成り立つためには、やはり、現実に存在する他のものとの関係が必要です。その関係が増えれば増えるほど、現実世界のなかにより
　しっかりと位置づけることができるようになります。

　このように現実のなかに存在する他のものとの関係が得られることは、無意味な記号や数字の繋がりではないわけですから、そこにストーリーがひとつ生まれること、と受け止めることができます。そのストーリーとは「言葉の多寡がどうであれ現実の脈絡がうかがえる説明」です。孤立した事実はあるストーリーのなかで初めて理解できるようになるわけです。これが第三に確認したい点です。

　実際には、そのストーリーは作られる場合もあれば、生まれる場合もあり、どちらなのかは個別に見なければなりませんが、「ストーリー」は「物語」と言いかえてもよく、誰もが生活や勉強や仕事のなかで生まれた種々のストーリーで現実を理解しているわけです。普段この点に気づかないのは、どのようなことが起きても、無意識のうちにもそれを収めるストーリーがすっと出てくるからなのでしょう。

　誤解をふくんだ記事を書いた記者たちの場合は、肝心の事実を現実世界のなかに定位できなかったために、うまくストーリーが出なかった例になります。と言うより、実際には存在しないストーリーを作ってしまった例になります。この事例は、説明を聞いているう

ちはストーリーを見つけたつもりでいたが、社に帰って記事を書く段になったとき、見つけたはずのストーリーが適切なものではなく、実際には現実の脈絡にそくした新たなストーリーを作らなければならないということに気づかなかった、と説明することもできるわけです。

確認④経験にそなわるプロセス

では なぜ気づかなかったのか。この点が問題になると同時に、事態は経験が生まれる現実のプロセスに移ってゆきます。文脈や現実の脈絡をふまえることも、考えるという活動も、考えながら書くという活動も、実際にはそのプロセスの一環を成しているからです。考えをつみかさねたあとに現実世界のなかで行動に移るということも、その一環なのです。

このプロセスについてこれまでに明らかになった要点を、内容上の重複をおそれずに記しましょう。①文章を単なる言葉として処理するのではなく、その内容を現実の事態として受けとめる、②しかも既知の関連する出来事が織りなす網の目のなかに位置づけて考える（英語なら相対化をふくむ comprehension）だけでなく、③そのように受けとめ位置づける自分自身にも眼をむける、となります。このなかでは③がもっとも大切です。考える対象に自分をふくめないと、すべてが他人事になりかねないからです。

ところがそれが意外にむずかしい。①にはじまる一連のプロセスを自分のこととして受けとめることには誰でもけっこう手間どるものです。言われてすぐわかるわけではなく、さまざまな機会にさまざまなことをとおして徐々にわかってくるようになり、最後に、既存の視野が砕けて、事柄全体が見えるようになって初めて、なるほど、と言えるようになるからです。経験のプロセスは全体が見えて初めて一旦の終了を見るわけです。

しかしそれは一旦の終了です。新たにひらけた視野のなかに見えたものを、既知の理解とかみ合わせて新しい理解の秩序をつくる作業がはじまるからです。この作業は自分の活動に新たなストーリーをつくる作業にもなってゆきます。経験にそなわるこの一連のプロセスが、第四に確認しておきたい点です。知りたいことは何でもネットをとおして知ることができそうに思えるようになった今日、このプロセスはやはり強調しておいたほうがよいのでしょう。

歴史家の色川大吉がするどい批判をうけたのは、五十三歳のときです。以後の色川の活動はこの批判がなければ可能ではなかったでしょうから、批判はありがたいものにもなります。若いときには知りたい気持ちがはやってジリジリするものですが、経験には終わりがないということを念頭に、自分の理解はじっくり作ってゆきたいものです。

第八講　行きなずむ想念

ここに引用する文章は須賀敦子のエッセイ「トリエステの坂道」からの一部です。トリエステはアドリア海に面したイタリアの東北端、それも国境近くにある古い町で、須賀はこの町を「ユーゴスラヴィア〔クロアチア〕の内部に、細い舌のように食い込んだ盲腸のようなイタリア領土の、そのまた先端に位置する」と描写しています。文化的にはドイツ語圏で、尊敬と憧れと憎しみの入りくんだ感情でウィーンの文化や人々を眺め、言語的・人種的にはたえずイタリアにあこがれるという二重性がトリエステ人のアイデンティティ感覚をたぐいなく複雑にしている、とも語ります。

引用部分は、この町を訪れるためにまる一日を確保して夜半に飛行機でミラノを発ち、一時間ほどバスに揺られてトリエステ中央駅に近いホテルで一晩を過ごしたあと、旧市街をこれから散策しようとしている場面の一部です。『須賀敦子全集』(河出書房新社)の年譜をみると、一九九〇年二月末、著者が六十一歳のときのことです。

たとえどんな遠い道のりでも、乗物にはたよらないで、歩こう。それがその日、自分に課していた少ないルールのひとつだった。サバがいつも歩いていたように、私もただ歩いてみたい。幼いとき、母や若い叔母たちに連れられて歩いた神戸の町とおなじように、トリエステも背後にある山のつらなりが海近くまで迫っている地形だから、歩く、といっても、変化に富む道のりでさほど苦にはならないはずだった。地図を片手に、私はまず市の中心部をめざして坂を降りはじめた。

なぜ自分はこんなにながいあいだ、サバにこだわりつづけているのか。二十年まえの六月の夜、息をひきとった夫の記憶を、彼といっしょに読んだこの詩人にいまもまだ重ねようとしているのか。イタリアにとっては文化的にも地理のうえからも、まぎれもない辺境の町であるトリエステまで来たのも、サバをもっと知りたい一念からだと自分にいい聞かせながらも、いっぽうでは、そんな自分をこころもとなく思っている。サバを理解したいのならなぜ彼自身が編集した詩集『カンツォニエーレ』をたんねんに読むことに専念しないのか。彼の詩の世界を明確に把握するためには、それしかないのではないか。実像のトリエステにあって、たぶんそこにはない詩の中の虚構をたしかめようとするのは、無意味ではないか。サバのなにを理解したくて、自分はトリエステの坂道を歩こうとしているのだろう。さまざまな思いが錯綜するなかで、押し殺せないなにかが、私をこの町に呼びよせたのだった。その《なにか》は、たしかにサバの生きた軌跡につながってはいるのだけれど、同時にどこかでサバを通り越して、その先にあるような気もした。トリエステをたずねないことには、その先が見えてこなかった。

（須賀敦子『トリエステの坂道』一九九八年、新潮文庫より）

この文章の最後は「トリエステをたずねないことには、その先が見えてこなかった」となっています。その文面の意味するところを、引用した文章の特質との関連で考えてみましょう。

須賀自身はこのあと「その先」についてはなにひとつ触れず、改行して段落を変えてから、「ホテルのわきを通っている国道を渡りさえすれば、あとは丘のふもとにある旧市街をめがけて、ひたすら坂道を降りてゆけばよいはずだった。……」と文章を続けています。この作品が手元にある方は「トリエステの坂道」全体を読みかえしてみると、参考になることが見つかるかもしれません。

なお、引用した文章はその直前の段落の文章と対比すると、特質がきわめて明瞭になるので、参考にそれを以下に掲げておきます。

州全体のものにしては信じられないほど薄い〔電話〕番号簿のトリエステの部分には、古書店も入れて本屋はほんの五、六軒だったから、サバの書店は気ぬけするほどあっけなく見つかった。サバが生きていたころは、たしか《ふたつの世界の書店》という名だったのを、番号簿では《ウンベルト・サバ書店》と名が変っていた。味も素っ気もない、観光客向けのその名称は、書店を引きついだ人たちの無神経さを物語っていた。番地はサン・ニコロー街、どうやら海岸通りに直角に交差する道の一本であるらしかった。

(前掲書より)

(1) 余韻

この引用文は余韻の深い書き出しではじまります。

冒頭の語句を眼にしたときに、すでにその余韻に気づいて視線をとめた人、少し読み進んでから自分がその余韻を聴きとっていたことに気づいて、あらためて冒頭にもどった人、段落を最後まで読んだころに気づいた人、あるいは読みおわっても気づかず、「その文面の意味するところを引用した文章の特質との関連で考えてみましょう」という誘いに接して初めて、その特質が何なのかを考えた人……、気づき方はいろいろだったでしょうが、最初の文に眼をむけ、読むともなく眺めていると、その余韻が「たとえどんな遠い道のりでも」から響いてくることに気づかされることでしょう。

どんな遠い道のりでも　心を清ましてさらにこの文章を眺めていると、実際に余韻の発してくるところはもっと狭く、「どんな」というなんの変哲もない話し言葉であることがわかってきます。年齢による体力の衰えを考慮に入れても、歩くところは旧市街です。現実の空間としての旧市街は、「たとえどんな遠い道のりでも」と形容するような広がりではないはずです。そもそも、ヨーロッパのなかでも古い歴史をもつ都市の旧市街は、高層ビルが林立し高速道路のうねる大都市を見慣れた現代の人にとって、驚くほど狭い。道も狭く、多くは曲がりくねった石畳です。トリエステの道も、おそらく、「たとえどんな遠い道のりでも」と仮定しなければならないほどの道ではないと思われます。

文章から感じとれたことを手がかりに現地を想像していると、どうしてもこのように思われてくるのですが、推測だけでは思わぬ誤解に陥りかねないので、念のために地図で調べてみました。引用した部分のまえにある記述が手がかりです。

すると、目ざすサン・ニコロー街はトリエステ湾へ三角形に突きでた一画にあり、須賀が一晩を過ごしたホテルからは二キロほどしかありません。地図からは、その一画が碁盤の目のように整然と区画されており、道は旧市街の道であっても、中世にまでさかのぼる狭く暗く曲がりくねった道ではないということもわかります。それに、その一画まではホテルから坂をおりて、ひろい操車場をそなえた中央駅にそった、まっすぐな幹線路を一キロあまり歩くことになると読めます。こうした駅にそった幹線路は概して単調ですが、トリエステはヨーロッパの旧い都市であり、丘をおりながら見える風景と、おりてからの道のりが、単調で殺風景な風景にすぎないのかどうか。

やはり、「たとえ」という仮定からはじまる文は、文面と地図から推測される現実のトリエステの旧市街までの道にも、旧市街の道にも、どうしてもそぐわないと思われます。それでも須賀は、「たとえどんな遠い道のりでも」と仮定してから、「歩こう」と記す。まるで歩くことに身をまかせるかのように、「ただ歩いてみたい」と記す。それも「乗物にはたよらないで」、と。

しかし、本当に「サバがいつも歩いていたように、私もただ歩いてみたい」だけなのか。たよらないものは乗物だけなのでしょうか……。

そうでないことは、段落を変えて言葉を継ぎ、須賀がみずから問い、みずから答えている内容に明らかです。

重層する道

須賀は戦前の芦屋に生まれて、宝塚と東京のミッション系女子校で学び、戦後に新設された大学で学んだあと、さらに大学院へ進むが、中途退学してフランスへ留学する。帰国後三年にして、今度はイタリアのローマへ留学。次いでミラノに活動の場を移して、翌年にイタリア人と結婚、死別、帰国、とその前半生は続きます。

日本の文学作品を種々イタリア語へ翻訳した活動が業績として特筆される、以上の前半生と、帰国後の二十年ほどを国内で社会的に無名の大学教員・翻訳家として過ごした後半生の歩みを念頭におくとき、そして最初のエッセイ集『ミラノ　霧の風景』以来の隠れた主題が喪失と空白であることを想い起こすとき、ここで須賀が歩こうとしている道は、単に坂道の多いトリエステの旧市街の道だけではなく、それに重なる別の道でもあるように思えてきます。

では、その道はひとつなのか……。二つ、三つ、あるいはもっと多くあるのか……。この引用文をながめていると、次々にいろいろな想念が浮かんできますが、このように種々に想念をさそう余韻の響いていること、あるいはそのような想念をさそう言葉が余韻を生みだしていること、これがこの文章の大きな特質なのです。

(2) 二種の読み方

想念が勝手に走りだし、恣《ほしいまま》に夢をつむぐことは好ましくありませんが、文章を読むともなく眺めること、これは、文章を心で受けとめること、と言いかえることができます。頭で理解するのではなく、心で理解すること、と言いかえることもできます。

本来ならどの文章にも必要なことですが、この引用文のような文章には殊にそれが必要になります。そうしないと本当に受け止めるべきことを、受け止めないままに終わってしまうからです。頭だけで、しかも書かれたことだけを読むなら、冒頭の文は矛盾をふくむことにしかならないでしょう。あるいは大袈裟な言葉にしか聞こえないでしょう。徒歩で三十分でたどりつけるだけでなく、一辺が二キロほどの三角形の旧市街の一部だけを歩くのに、「たとえどんな遠い道のりでも」と語るのですから。幹線路をのぞくなら乗物は目的にふさわしくないはずなのに、「乗物にはたよらないで」と記すのですから。

このように、文章のなかには頭ではなく、心で読まなければならないものがある、と事あらためて語らなければならないのは、現在の状況にもかかわっています。仕事や生活の忙しい今日では、文章を心で読む機会が少なくなり、またことさらにこの読み方を必要とする文章に接することが稀になっているからです。

いきおい、新聞で政治や経済の記事を読んだり、会社で業務上の書類を読むように、内容を頭で処理する読み方が普通のことにもなってきます。この引用文も、そのように読もうとするなら、小学生でも読める——そして一見すると小学生でも書けそうな——平易な言葉で書かれているので、何のこともなく読みおわります。しかし、そう読んでしまったのでは、前のように矛盾を指摘したり、大袈裟な言葉と聞いてしまうだけのことになりかねません。

生な体験が透化するまで

極端な場合、この引用文での須賀の言葉づかいが、自分の言葉をさがす長年の模索のあとに見いだされた日常語で、その直接な息づかいをつつみこんで書き言葉となっていることを見落とすだけでなく、その文章自体を単なる素人のものと見なす可能性も生まれてきます。

須賀が『トリエステの坂道』までに書いた文章は、あまりにも深い喪失と悲しみが、年月を経ても言葉を見いだせないまま、心中に大きな欠落を生みおとし、残響をのこしながら透化したところで成っています。あるかどうかもわからないその言葉は、作ろうとして作れるものではなく、ただきらに自己を生きてのみ、かろうじて生まれる可能性が得られるにすぎません。

須賀の文章に見られるこの特質を見のがすと、日本語とイタリア語の往復をかさねながら、ここで一語あそこで一語と、気の遠くなるような語句の選択と洗練の作業をつづけるかたわらで——実際に文章を書く段になれば必要になる読者への配慮は措くとしても——個人としての体験につきまとう、むきだしの側面が削ぎおとされてゆかざるを得なかった事情にまでは思いおよばず、言葉がきれいなだけで内容が乏しい、と片づけてしまう危険もでてきます。

以上の指摘は『トリエステの坂道』までの須賀の文章がすべて優れているという意味ではありません。実際、このエッセイ集の「ヒヤシンスの記憶」に、引用した箇所と同じ場面を「それから三十年も経って、ある早春の日に私はトリエステの道を歩いていた。サバの歩いた道をひとりで辿ってみたいと、ながいこと希っていて、それが叶ったのだった。道のりの長いのを知りながら、私は乗物をつかわないで、丘の上の宿から、歩いて街に降りていった」と描写した文章は、文脈がちがうという点を考慮に入れても、引用文と比較すると平板になっていることは否めません。

それに、パリやヴェネツィアやローマが文章に出てくるだけで憧憬にとらわれてしまう人が少なくないため、須賀のエッセイには甘い感傷をさそうと読める内容があり、華やかな世界への幻想をかきたてかねない内容が認められる結果にもなります。

しかし、このようなことは些事にすぎないでしょう。文学者というものは僅か一行ではあっても読むに耐える文章が自分のなかから生まれることに生涯を費やす存在だからです。あるいはそのように希う者が最終的に文学者になるからです。

(3) なお経験をもとめる素人

この時期までに書かれた文章と経歴を見るかぎり、聡明な理解力をもった須賀は同時にとても文学が好きで、文学のない生活は考えがたく、なおかつ自分の言葉をずっともとめていた人ではあったけれども、作家になる可能性は乏しかったことがわかります。この可能性は経験の質に依存するところが大きく、文学作品の優れた翻訳家や文学研究者になることはできても——そして実際、優れた翻訳家にはなったけれども——それがそのまま優れた作家になる可能性に結びつくわけではないのです。かかえた領域がひとつではないために、体験が熟するのにひどく手間どったということも特筆すべき点です。

それに加えて、文学と言えばすなわち小説と受け止められかねず、フィクションが全盛となっている今日の世界のなかで須賀のエッセイを眺めるとき、須賀が素人のように見えることも否定しがたい事実です。

しかし、須賀の文章には、たとえば引用した文章には、この事実と評価を一蹴する力があります。なぜなら、須賀の素人らしさは、幅広い教養と深い語学的素養を身につけながら、その教養と素養のとどかぬ域に、それとは切りはなされたところに自己をかかえてしまい、そのために手つかずの部分を――手の触れようのない部分を――残してしまった人間のもつ素人らしさだからです。

手の触れようのない部分

この素人らしさに匹敵するフィクションはほとんど皆無でしょう。須賀の場合、文学にたずさわりながらフィクションを志す可能性を根本から断たれたこの時期までの素人らしさは、おそらく、どのような対処もありえない出来事に遭遇したときに誰もが帯びる、人間としての素人らしさと同質のものであり、だからこそ人生においては度合いこそ異なれ誰もが素人であるという真実に呼応しているのでしょう。

須賀の軌跡になにか特異な点があるとするなら、それは須賀が浅く悟ることも、放棄も断念もせず、自分の体験に忠実に生き、その体験がおのずから整い、言葉となることをなお待っている、という点にもとめることができます。

そのような意味での素人が、つまりは何よりもまず自分の人生を生きてきたひとりの人間としての須賀が、サバを知ることから三十年以上の後、なお前へ進もうとし、なお経験をもとめているところで、引用文はできています。大きな欠落とさまざまの中断をかかえた自分の軌跡をつづる須賀の文章が、そこに透ける孤独で孤立した姿と相俟って、他人の言葉によってではあっても自分の経験を言葉で確認したい、経験のなかにひらけた空白を実質ある言葉で満たしたい、と希う心に訴えたのは当然だったのです。

(4) 自分に踏みこんだ文章

切りかわる音調

極端な誤読の危険性を指摘することからはじまった、以上の注釈めいた説明は、引用の際にのべた内容に少し情報をおぎなったところで成っています。しかし、このような説明が何ひとつなくとも、そして須賀の経歴を何ひとつ知らなくとも、引用した文章がその直前の文章と質的に著しく異なる音調をもつことは、文章自体から感得できます。その音調が、サバの愛読者であった自分に須賀自身が踏みこんでいったところで生まれていることに気づかないなら、実のところ言葉を人の言葉として受け止めないで読んでしまったことになるでしょう。

心には頭よりも深く言葉を読む力があります。一日十数時間も文書処理に忙殺されているとき、その力が動きだす余裕は失われますが、本当は誰でもいつでも、頭で読む以上に心で言葉を読んでいるはずです。須賀敦子のこの文章はいちど心で受け止めてから頭を働かせるよう求めており、冒頭にひびく余韻は言葉に接するこの基本に読者を引きもどしてくれていたのです。

ですから、読むほうも、この基本にそくして引用文を読みすすめることにしましょう。そうすれば、著者が事実と事実にたいする自分の軽い感想を叙しただけの文章から、段落を変えて「たとえどんな……」と記そうとしたときには、すでに心の向きが変わっていたことが必ず感じとれるでしょう。

そのように感じとれるのも余韻の有無が手がかりになっているわけですが、「番地はサン・ニコロー街、どうやら海岸通りに直角に交差する道の一本であるらしかった」で終わる前段落からこの段落に移ったときの変化を、今しがた述べたように「心の向きが変わっていた」と形容することが適切かどうかは、少し考えてみる余地があります。

その変化は「心が切りかわっていた」と理解するほうがよいかもしれません。心は同一のまま向きを変えたのではなく、一新された可能性があるからです。

考えられることはそれだけでなく、文章を推敲しているうちに、この部分だけが質的にちがう文章になってしまった可能性もあります。

あるいは、引用文のあとに改行があり、「ホテルのわきを通っている国道を渡りさえすれば、あとは丘のふもとにある旧市街をめがけて、ひたすら坂道を降りてゆけばよいはずだった。歩くにつれ、色褪せた煉瓦のつらなりが大きな絵本のページをめくるようにつぎつぎと……」とあるところを見ると、すでに書き上げていた引用部分を、ここならあまり無理なく挿入できると考えて差しはさんだ可能性すらあります。この次段落の内容は「……その先が見えてこなかった」を受けておらず、文章の自然な流れをもとめるなら、この部分はないほうが無理のない文脈になります。

余韻が伝えていたもの

内容の点でも音調の点でも、直前の文章とは質的に異なる引用文がここに存在する理由については、このように種々の可能性が考えられますが、著者にとってその内容がいつかどこかで書かなければならないものだったことは疑いがありません。須賀のエッセイのなかでこれほどまとまって内心を直截に表白した文章はめずらしい。最後まで読むなら、この文章が、普通は気にとめることもない「歩く」という動作にすら意味をこめて、幾層にも積みかさなる思いを言葉に刻もうとした人から零《こぼ》れてきていることがわかります。書き出しに響く余韻はそのような人の姿を伝えていたのです。

このように引用文の書き出しを受け止めることができれば、「サバがいつも歩いていたように、私もただ歩いてみたい」と思うことにまで「ルール」を課していたことも、充分にうなずけると思われます。須賀が日々を過ごすことにもルールを課す人だったのかどうかはともかく、「その日、自分に課していた少ないルールのひとつだった」と記したところを見ると、これはおそらく日本で旅を計画していたころからの心づもりだったのでしょう。ホテルをでるときには、サバが歩いていた道を心ゆくまで歩いてみようとあらためて思い定め、そう定めてから「坂を降りはじめた」のだろうと推測されます。

だがしかし、いったいなぜサバなのでしょう。

ウンベルト・サバの名が初めて全集の年譜に登場するのは一九五八年、著者が二十九歳のときのこと。同じく年譜によると、須賀がトリエステを初めて訪れたのは一九六九年、四十歳のときで、引用文のときの旅が初めてではない。サバの詩に接してから三十年以上、最初のトリエステ訪問から二十年以上も経ってから、なぜわざわざこの町を再訪するようなことになったのでしょう。そしてなぜこのトリエステ再訪をエッセイに綴ったのでしょう。

(5) 行きなずむ想念

直接の答を引用文にもとめるなら、それは「押し殺せないなにかが……呼びよせた」からということになります。

では「押し殺せないなにか」とは何か。

須賀自身の「なぜ自分はこんなにながいあいだ、サバにこだわりつづけているのか」という自問とそれにつづく自答に、これまでの理解をくわえて推するところ、それは、サバへの共感と愛着から意識に芽を出しながら、当人の気づかぬうちにいつしか伸びることを止め、長く心にいだかれたまま行きなずんでいたもの、ということになるでしょう。長く心にいだいていれば、何が行きなずんでいるのかと考えずにはいられませんが、そのときに浮かぶ想念もまた、長くいだかれては行きなずんでいたはずです。内なるベクトルは伸びることをやめていたのです。

このように行きなずむ当のものも、行きなずむ想念も、理由がわからないかぎりは、その先をもとめながら、くぐもったまま心にとどまらざるを得ない。中断した物語はその先が描かれることを望んでやまない。それがこのように心に滞留するものの特徴です。

それだけでなく、行きなずむものへの愛着が強いほど、その時間が長いほど、愛着と想念をいだく者は、なぜ行きなずんでいるかを執拗に訊ねずにはいられない。その気持ちの嵩ずるところが六十歳を過ぎてからのトリエステ再訪となった――「押し殺せないなにかが、私をこの町に呼びよせた」は、一応このように考えることが可能です。

しかし、一応のところそのように考えられるとしても、これほど長い年月の後にあらためてトリエステを訪れたのは、「押し殺せないなにかが……呼びよせた」からであると同時に、その「なにか」がどこへ通じているのかと考えても、「トリエステをたずねないことには、その先が見えてこなかった」からでもあったはずです。

引用文のあとに、海岸通りを昼近くまでうろついたあげくにサバの書店を訪れ、ふたたび周囲を散策したあと、ふさふさと緑の葉が揺れる並木が四列つづく広く平坦な通りに出たとき、須賀が「突然の賑いだった。自分がこの町でたずねていたものが、不意に向こうからやってきて、私をとりかこんでいた。サバが愛したにちがいない、そしてサバが自分のものにしようとしてできなかったすべてが、そこにはあった」と記しているところを見ると、再訪の目的は達せられたようにもみえます。

再訪の目的は達せられたのか

しかし、このとき「その先」もまた見えたのかどうか。あるいは、帰国後に机をまえにして落ち着いたときに、見えてきたのでしょうか。そしてまた、須賀自身はみずから「自分がこの町でたずねていたものが……私をとりかこんでいた」と記していますが、それで本当に再訪の目的が達せられていたのでしょうか……。

ここに引用した言葉はどれも平明でさりげなく、疑問をさしはさむ余地はまったくないように見えます。ところが、そのような外観にもかかわらず、「その先」にかんして指摘した、以上の疑問点にはどれにも、実のところ、肯定的には答えがたい。そもそも、これほどの年月を経てもなおサバにこだわる理由が明瞭なら、このエッセイは書かれなかったでしょう。

「突然の賑い」とは、「歩道に沿って、間口の狭い店舗が軒をならべ、まだ十代かと思える若い母親が、彼女の母親らしい女性といっしょに乳母車を押している」「手足の長さばかりが目立つ少年たちが、カウンターのように細いテーブルが並んだ店にたむろして、笑いさざめいている。長いお下げにアマラント色のリボンを結んだ少女が、兄だろうか、顔立ちがどこか似かよった青年に白い額をむけて真剣な表情で話しかけながら歩いている」「フレンチ・フライを揚げる匂いが、むかし友達とうたった歌のように薄色の夕方の空気にただよっている」などの日々の生活がさしだす、ごく当たり前の光景で、どれもトリエステでなければ見られない賑いではなく、誰にとっても親しく身近な日常のひとこまです。

この光景と同質のものが、実際には日本でもごく普通に見られることを考慮するとき、須賀のしるす言葉をそのまま受け止めようとすればするほど、逆に、ではなぜこの屈託のない日常がサバと結びついてこれほど長く心を引きとどめていたのか、という疑問が強くわきあがってこざるを得ません。さりげなく記さずにすましたことのほうが重要なのです。

しかしその理由は明瞭にすぎるほどでしょう。

わざわざトリエステにまできて確認せずにはいられなかったこの日常は、単なる日常ではありません。それはサバに繋がった日常でなければならなかったのです。「サバが愛したにちがいない」ものに満ちた日常でなければならない。それだけではなく、サバへの共感と愛着をいだく自分に繋がる日常でもなければならない。しかも、そのようにして初めて繋がる自分の日常でもなければならなかったのでしょう。

そうでありながら、この日常にふくまれ「サバが自分のものにしようとしてできなかったすべて」のものを須賀が自分のものにできることは——自分の日常を自分のものにすることをもふくめて——サバの詩を知ったときから、サバにつらなる物語がはじまった当初から、そもそもあり得ないものになっている。その可能性は想定することもできないものに変じている。これ以上に何を希うのかと思えるほど意味豊かに日常の光景が眼に映じてくるとき、その光景をながめる当の者には、充実したその味わいを自分のものにすることができないのです。

(6) 断絶と分裂

もっと正確に語るなら、サバの詩を知る以前からいだかれ、サバの詩を知ることで初めて自分の根深い傾向として意識され、サバとともに伸び育った日常への愛着は、サバ自身がいだいていた愛着をもふくめ、すでにこのときの須賀のものではありえないものに化してしまっています。なぜなら、サバがドイツ語圏とイタリア語圏という、たがいに異質なふたつの文化圏のあいだに、そしてユダヤ人という出自とその出自をとりまく社会とのあいだに分裂した自己をかかえ、日常と一体になれなかった詩人であるなら、須賀もまた、日本とイタリア、現在と過去、生活と自己、彼岸と此岸、など各種の圏のあいだに分裂した自己をかかえた人間だったからです。

須賀は長期にわたって執拗かつ持続的に日常に引きよせられながら、日常と一体になることができません。分裂をかかえたときから、日常へのこの愛着は須賀とともに育つことをやめてしまっていたのです。

この分裂は自分の選んだ道をあゆむ過程で否応なく生じたもので、いつのまにか事実として受け入れられるようになったとはいえ、なぜこの愛着からこれほどに切りはなされなければならないのかという、機会あるごとに疼く疑問にたいする答のほうは、必ずしも明瞭ではありません。と言うより、この疑問が氷解することはあり得なかったでしょう。生活と生活のなかで交わされる言葉にいだいてきたかぎりない愛着にも、すでに結びつくべき現実はありません。そのように愛着をいだいていた生活は、実のところ、このとき東京でおくっていた生活ではないからです。

それだけでなく、故郷の神戸であれ、イタリアでの生活の場であったミラノであれ、かつての生活の場における日常と一体になっていた自分を取りもどすこともまた、すでに不可能になっています。単に時間的に取りもどせないだけでなく、このときの自分とは切りはなされたものになっているために、これは取りもどしようがない。四列につづく並木の下で須賀を不意打ちした屈託のない日常は、一瞬暖かくつつみ、安らぎをあたえてくれるものでしたが、この日常も、この日常への愛着も、この日常に結びつく自分も、現在の自分とのあいだにある断絶のために、もう取りもどしようのないものとなっています。

心のなかで長く行きなずんでいたものには、自分を先へとうながす力がない。それはもう終わったものとして心のなかに生きていた、というのがこのときの実情だったでしょう。「自分がこの町でたずねていたものが……私をとりかこんでいた」は、この事実の確認であると同時に、その事実が現在の自分をうごかす力がなく、先を指し示す力がないことの確認でもあったのです。

(7) 書くことで完了する離別

須賀は、では、サバへの共感と愛着につながるものが現在の自分に先を指し示す力がないことを確認するために、わざわざトリエステにまで行ったのでしょうか。

この疑問にたいする答もまた、語るまでもなく明らかです。なぜなら、「その先」はたずねて見える先だったのか、見えたとして書ける性質のものだったのか、と問えばおのずから答が出てくるからです。

それをもっともよく知っているのは、他ならぬ須賀自身です。なぜこれほどサバにこだわりつづけるのか、サバのなにを理解したくて、自分はトリエステの坂道を歩こうとしているのだろう、と自問しながら、そう自問する自分を心もとなく思う。心もとなく思うのは——須賀自身の言葉では——現地をおとずれたところで詩の理解が深まるわけではなく、そうであることを充分に知っているからですが、それだけでなかったことはすでに見てきた通りです。

畳みかけるように記される疑問の文は、たしかに、どれもこのトリエステ再訪がサバとサバの詩に――「サバの生きた軌跡」に――密接にかかわっており、おそらくその軌跡をかかえこんでいるが、再訪の核心となるものは、実のところ、その軌跡をかかえこんだ著者自身のなかにあることを告げています。

《なにか》

しかし須賀はそれを、ただ「なにか」としか言い表さない。「さまざまな思いが錯綜するなかで、押し殺せないなにかが、私をこの町に呼びよせたのだった」と強く念を押したにもかかわらず、それを継ぐ言葉は「サバを通り越して、その先にあるような気もした」という、いかにも心もとない文面でしかありません。

このトリエステ再訪は、たしかに、「トリエステをたずねないことには、その先が見えてこなかった」からおこなわれ、坂をおりはじめたときにも、海岸通りをうろついていたときにも、「その先」はなお見えていなかったかもしれません。しかし、帰国後、「その先が見えてこなかった」と記したとき、残されたことが別れを告げることであるという点は、もう明らかになっていたと思われます。

行きなずむものがその先を知るには体験が欠かせません。トリエステ再訪はその体験をもたらしてくれたが、それは自分の軌跡を綯《な》う太綱によりあわさった幾本もの中断した物語のひとつが終わっていることの確認であり、その物語は書かれることによって完了する性質のものだったと言えるでしょう。終わったものでありながら、なお生命をたもち、心に滞留するものは、言葉をあたえられることによって終わっていることを知り、それで初めて去ってゆくことができる。そのようにして去ることで、なお存続し言葉をもとめるものに場をゆずり渡し、書いた者はそれによっておのずから先へうながされる——「その先」にあるものは、愛着に別れを告げる、このような一連の過程だったのです。

補講8 「考える」という営み

　これまで何のことわりもなく「考える」という言葉をもちいてきましたが、ここであらためてこの営みがどのようなものなのかを整理することにしましょう。

　考えるという営みは誰でも毎日おこなっていて、普段は意識することもないほど身近なものですが、ではそれはどのような行為なのかと考えると、なかなかうまく答えられないものです。このようなときには、語の成り立ちを見るとヒントが得られるので、語源から考えていくことにします。

和語の「かんがえる」

　今は漢字で「考える」と記すのが普通ですが、これは和語ですから、ひらがなでは「かんがえる」です。古語では「かんがふ」になりますが、これは音便形なので元にもどせば「かむかふ」となります。

『大言海』（冨山房）を引くと、これはふたつの要素から成り、「か」は接頭語、「むかふ」は下二段の他動詞で「相対《あいたい》させる」の意、とあります。次いで双方を組みあわせた「かむかふ」の意味が「相対させて推し定める」であると説明されます。しかし、この説明では、接頭語「か」と「相対させる」の意味の「むかふ」からなぜ「推し定める」という意味が出てくるのか、という疑問が生じてきます。

その答は「かむかふ」に当てられた漢字から出せそうです。基本義の「推し定める」に続いて、用例にそくした意味が、(1)問い窮める、(2)糾明《きゅうめい》して罰する、(3)思いはかる、と提示され、用例中で「かむかふ」に当てられる漢字が、(1)で「推」「按」「検」、(2)で「罰」、(3)で「勘」「考」と、状況と文脈におうじて種々に使いわけられているからです。

このように種々の漢字を用いたということは、「か」と「むかふ」から合成された「かむかふ」から出てくる直接の意味が、状況や文脈にそくして表したかった種々の意味(『大言海』が「糾明して罰する」等と記した意味)を表現できなかったからだと推測されます。たがいに異なるニュアンスをもつ種々の漢字をもちいたこと自体に、古人の工夫の跡が窺えるとも言えるでしょう。

実際にその工夫を(1)の用例で見てみます。初出は『日本書紀』です。内容は刑罰にかかわり、「車持君、罪アリ、喚二車持君一、以推問《カムカヘトヒタマフ》之、……」と、「かむかふ」は「推」で示されています。その意味は、事実や法と「相対させて(その罪を)推し定める」となるでしょう。これで『大言海』の打ちだした意味が的確であることはわかりますが、「推し定める」の意味が状況と文脈に依存していることは否めません。

同様の事情が『岩波古語辞典』にも見られます。この辞典によると、「か」は接頭語ではなく「アリカ」や「スミカ」の「カ」(「所・点の意」)で、「むかふ」は「両者を向き合わせるの意」、合わせて「二つの物事をつき合わせて、その合否を調べ、ただすの意」とあります。ここにも罪の確定が用例に載っていますが、「両者を向き合わせる」から直接に「調べ、ただす」の意味が出てこないことでは『大言海』と変わりがありません。双方とも辞書編纂者の苦労がしのばれる説明です。（なお、『岩波古語辞典』の説明で、「所・点の意」の意の「カ」が（ふたつの）「物事」となっているのは、「つき合わせる」対象が点としてイメージされていることを示唆します。）

物的イメージと心的な活動

『日本書紀』を編纂した古人の工夫も、ふたつの辞書の編纂者の苦労も、物的なイメージの強い「相対させる」と、「推し定める」や「ただす」という心的な活動とのあいだにある断絶にかかわっています。

「か」と「むかふ」の組みあわさった語として受け止めたときの「かむかふ」にはっきり読みとれる動きは、①「人間が対象に向かう」、②「ふたつ以上のものをつき合わせる」、の二点しかありません。物的なイメージの強いこの二点から、すぐさま心的な活動が出てくるわけではありません。この二点のなかに心的な活動を読みこむためには、目的の観点を導入する必要があります。つまり、ではなぜ対象に向かい、ふたつ以上のものをつき合わせるのか、と考えるのです。

答は明らかです。対象に向かうのは、その対象に何らかの判断をくだすためであり、ふたつ以上のものをつき合わせるのは、そのふたつ以上のものから、何らかの判断を引きだすためであるはずです。「推し定め」たり「合否を調べ、ただす」ためのはずです。ところが、その本来の目的である「推し定める」や「合否を調べ、ただす」ことは、残念ながら、「つき合わせる」の意味の「むかふ」には示されていない——物的イメージと心的活動のあいだにある断絶は、全体としてこのようにとらえることができます。

以上を整理すると、『大言海』では「かむかふ」＝「相対させる＋α」＝「相対させて推し定める」、『岩波古語辞典』では「かむかふ」＝「（ふたつの）所・点＋両者を向き合わせる＋α」＝「二つの物事をつき合わせて、その合否を調べ、ただす」、と記すことができます。「か」と「むかふ」の直接の組み合せから出てこないαが「かむかふ」の示そうとした本来の意味になります。（『大言海』の場合、接頭語「か」には明確な意味が出されていないので、その意味はαにふくめることにします。）

このようにαがあることは不思議ではありません。単語の意味は当てはまる物や活動や事態の特徴的な一面、それも特に物的な側面を捉えて生まれることが多いからです。しかし、そう確認するだけで終わってしまったのでは、αにどのような活動がふくまれているのかがわからず、結果的に「考える」という活動がどのような活動であるかもわからずじまいになってしまいます。ですから、αの内容を調べるために、「推し定める」や「合否を調べ、ただす」という活動がどのようにおこなわれるかを具体的に検討してみます。

「かむかふ」に含まれる活動

まず、「二つの物事をつき合わせる」ことができるためには、物が眼に見えている必要があります。実際に「つき合わせる」ものは、文書だったり、証拠となる物件だったりするからです。当然、触覚も必要で、人の声も聞こえる必要があります。つまり、「二つの物事をつき合わせる」ときには、知覚が働いていると言えます。

しかし、このような知覚の働きは、「つき合わせる」作業とは別のものと理解されるのが普通です。それに加えて、この知覚の働きは、それぞれ「見る」や「聞く」や「触る」などと呼ばれてもいます。わざわざこのように別の名称をもつ働きをも「つき合わせる」の意味にふくめる必要は認められません。

そう考える限り、ふたつの辞典が打ち出した「かむかふ」の意味に知覚の働きが出ていないのは当然となり、現在「考える」という活動に視覚や聴覚の働きがふくまれていないのもまた当然であると考えられます。

次に、「二つの物事をつき合わせる」ことは、実際には、一回では済まず、何度もくりかえしておこなわれるほうが普通だ、という点を指摘することができます。そのときには、実際に文書や物や文面をつき合わせるだけでなく、頭のなかでつき合わせる作業もくりかえしおこなっているはずです。

また、つき合わせた結果が一致するかどうかを知るときには、現実の事態を脳裏に想いえがく想像力が働きます。事態を仮に設定する構想力や、個々の出来事や物の関連が織りなす構造をとらえる力も発揮されているでしょう。

ところが、「か」と「むかふ」の組みあわさった語としての「かむかふ」には、こうした一連の思考の動きも表されていません。それでも「かむかふ」を用いるなら、「かむかふ」にこの一連の思考の動きをも引き受けさせるか、そうした思考の動きは他の語で表すか、どちらかになります。『大言海』で打ち出されている三つの意味に照らすなら、「かむかふ」は前者の方向で受け止められていったと見られます。

活動の多様なあらわれ方

今度は事例を挙げて別の側面から「二つの物事をつき合わせる」という行為を検討してみましょう。

ふたつの文書をつき合わせ、双方に記されているふたつの数字の合否を調べるだけなら、さきほど挙げた想像力や、構造をとらえる力は不要でしょう。ある文書にふたつあると記された物が現実にふたつあるかどうかを確かめるときにも、そうした力は——実際に働いてはいても——意識されないほどでしょう。

ところが、裁判のように文書に記されたことがさまざまな要素をふくむ複雑な事態であるときには、上記の多様な力を充分に発揮しなければなりません。さらに、ある行為が道徳的に正しいかどうかを「かむかふ」ときには、社会の道徳規範と「相対させて推し定める」必要があるだけでなく、その規範の形成過程も知る必要が出てきて、どうしても経験の領域に入り込まなければならなくなります。

以上から、「かむかふ」ないし「考える」という語によって示される活動は、実際には、そのときどきの対象や必要に応じて異なるあらわれ方をする、ということがわかります。そのあらわれ方をこまかく検討して、その違いがわかるように言い表すなら、「考える」の類義語として挙げられる数多くの動詞になるわけです。

考えるべきことはもっとあります。誰もが「推し定める」ことができるとしても、足の速い人と遅い人がいるように、そして器用な人と不器用な人がいるように、どれだけ的確な判断をくだせるかは、人によって、そしてまた訓練によって、違ってきます。想像力は、現実を無視して膨らませるなら空想になってしまいますが、他方で文書や資料から事態が浮かびあがってくるように発揮することも可能です。どちらの方向で想像力を働かせるかは、当人の経験や訓練の有無に深く関係しているでしょう。同じことは構想力や構造をとらえる力にも言えるはずです。

結局、足し算や引き算をすることも「考える」こと、ふたつの物事をつき合わせて合致するかどうかを調べることも「考える」こと、複数の物事が、ある規範などに合致するかどうかを調べることも「考える」ことですが、想像力などを駆使して現実の複雑な事態を解明することも、新たなものを見いだしたり考案したりすることもまた「考える」ことで、こうした諸々の力をどれだけ発揮できるかは、人や訓練や経験や対象によって異なってくる、と言えます。

以上のように、「考える」という活動は対象に応じてさまざまな能力を駆使する活動であることがわかりますが、語源的な意味からとらえると、和語の「考える」は考える活動全体のなかで、もっぱら対象にむかう働きだけが前面に出ています。

「考える」活動と主体との関係

しかし、フランス語で「考える」を意味するpenser（有名なパスカルの著作『パンセ』はその名詞形で、この表題は「パスカルが考えたさまざまなこと」の意）の語源を見ると、別の様相が見えてきます。その語源上の意味は「重さを測る」です。この意味は、重さを測る主体の存在をふくんで成りたっていると考えられます。重さを測る当のものが頭なのか心なのかはここで問わないことにしますが、この語源的な意味には、考えるという行為と考える人との関係がふくまれていると考えられるわけです。

この関係が出てくると同時に、視野は前の補講7で指摘した「経験の生まれる現実のプロセスへ」と広がってゆきます。考える人は自分の生まれ育った環境のなかで考え、ベクトルを伸ばしてゆくからです。

「書く」行為に含まれる特質

六十年以上もの年月を背景にこのプロセスに実際に踏みこんだ第八講の引用文には、考えるという行為、と言うより——対象の細部や心の細かな動きは言葉がなければ考えることができないので——考えながら言葉をしるすという行為にふくまれる、新たな側面があらわれていました。それが、「終わったものでありながら、なお生命をたもち心に滞留するものは、言葉を与えられることによって終わっていることを知り、それで初めて去ってゆくことができる」です。

伸びることをやめてはいるが、心になお滞留し、なお生命をたもっているものに言葉を与えることによって、その生命を言葉に移行させるために、どれほどの努力が必要だったかは、もう語る必要がないでしょう。

書くという行為は、このように、対象と自分を切りはなし、切りはなされた対象が書いた当人を揺り動かさなくなる作用をふくんで遂行されることがあり、それが第八講「行きなずむ想念」の引用文に窺える、「書く」という行為の特質なのです。

孤立する内なるベクトル

そのように当人から去ってゆくものをかかえた内なるベクトルには、交叉する他のベクトルが皆無だったということも特筆すべき点です。

帰国後の須賀敦子は事務嘱託や翻訳者や教員としてさまざまな人とさまざまな関わりをもっており、その関わりのなかで著者のベクトルは他の多くのベクトルと交わっていたわけですが、内なるベクトルとそこに滞留するものに関するかぎりは、どのベクトルとも交わらず、当人の手によって記され、人に読まれるプロセスを経なければならなかった。最初のエッセイ集が書かれるまでに注がれた二十年ほどの時間と労力もまた、まぎれもない現実で、これが内なるベクトルのもつ現実なのです。

第九講　あるべからざる者として

神戸三宮駅

太平洋戦争の終結した直後、復員帰りや疎開帰りや通勤通学などの人とガード下の闇市にむらがる人でごった返す神戸三宮駅、それも化粧タイルの剝げおちたコンクリート柱の立ちならぶ構内。柱のそれぞれを背にひとりずつ浮浪児がうずくまる。浮浪児が駅にあつまるのは、そこが入ることの許される只ひとつの場所だからなのか、常に人込みのあるなつかしさからなのか。それとも水が飲めるからか気まぐれなおもらいを期待してのことなのか。ともかく腐りかけた糠《ぬか》のむし団子や食べ残しのパンと水で飢えと渇きをしのいできたそのひとりが、柱に居ついてから半月後、立ちあがる力もなくなった──。

野坂昭如が一九六七年に発表した『火垂るの墓』はこのような内容ではじまります。この作は中学三年生だった一九四五年に神戸の空襲で養父を失い、自分が世話しなければならなくなった幼い妹を疎開先で栄養失調のために失った、作者の体験にもとづいており、これに続く部分を引用した以下の文章で、作者は清太となっています。

ひどい下痢がつづいて、駅の便所を往復し、一度しゃがむと立ち上るにも脚がよろめき、把手《とって》のもげたドアに体押しつけるようにして立ち、歩くには片手で壁をたよる、こうなると風船のしぼむようなもので、やがて柱に背をもたせかけたまま腰を浮かすこともできなくなり、だが下痢はようしゃなく襲いかかって、みるみる尻の周囲を黄色く染め、あわてた清太はむしょうに恥かしくて、逃げ出すにも体はうごかず、せめてその色をかくそうと、床の上のわずかな砂や埃《ほこり》を掌《て》でかきよせ、上におおい、だが手のとどく範囲はしれたもので、人が見れば飢に気のふれた浮浪児の、みずから垂れ流した糞《くそ》とたわむれる姿と思ったかも知れぬ。

もはや飢はなく、渇きもない、重たげに首を胸におとしこみ、「わあ、きたない」「死んどんのやろか」「アメリカ軍がもうすぐ来るいうのに恥やで、駅にこんなんおったら」耳だけが生きていて、さまざまな物音を聞き分け、そのふいに静まる時が夜、構内を歩く下駄《げた》のひびきと、頭上を過ぎる列車の騒音、急に駈《か》け出す靴音、「お母ちゃーん」幼児の声、すぐ近くでぼそぼそしゃべる男の声、駅員の乱暴にバケツをほうり出した音、「今、何日なんやろ」何日なんや、どれくらいたってんやろ、気づくと眼の前にコンクリートの床があって、だが自分がすわってる時のままの姿でくの字なりに横倒しになったとは気づかず、床のかすかなほこりの、清太の弱い呼吸につれてふるえるのをひたとみつめつつ、何日なんやろな、何日やろかとそれのみ考えつつ、清太は死んだ。

その前日、「戦災孤児等保護対策要綱」の決定された、昭和二十年九月二十一日の深夜で、おっかなびっくり虱《しらみ》だらけの清太の着衣調べた駅員は、腹巻きの中にちいさなドロップの缶をみつけ出し、ふたをあけようとしたが、錆《さ》びついているのか動かず「なんやこれ」「ほっとけほっとけ捨てとったらええねん」「こっちの奴《やつ》も、もうじきいてまいよるで、眼えポカッとあけてるようなったらあかんわ」むしろもかけられず、区役所から引きとりにくるまでそのままの清太の死体の横の、清太よりさらに幼い浮浪児のうつむいた顔をのぞきこんで一人がいい、ドロップの缶もて余したようにふると、カラカラと鳴り、駅員はモーションつけて駅前の焼跡、すでに夏草しげく生えたあたりの暗がりへほうり投げ、落ちた拍子にそのふたがとれて、白い粉がこぼれ、ちいさい骨のかけらが三つころげ、草に宿っていた蛍《ほたる》おどろいて二、三十あわただしく点滅しながらとびかい、やがて静まる。

(野坂昭如『アメリカひじき・火垂るの墓』一九七二年/二〇〇三年改版、新潮文庫 より)

ドロップ缶　ドロップ缶からこぼれ落ちた骨のかけらは妹のもので、その死は栄養失調による衰弱死であったことが次の段落で報告されます。
以後また段落を変えて空襲の場面に移り、それからこの小説の実質的な内容がはじまりますが、ここで疑問がわいてきます。作品を書いた作者は生きているのに、少年だったころの作者とおぼしき登場人物が作中で死ぬのはなぜなのか、以後の作者は何者として生きたのか、という疑問です。非常に素朴な疑問ですが、主人公が自殺や事故死や病死などで死ぬ小説と同じようにこの兄の死をとらえてよいのでしょうか。この作における兄の死を考えてみましょう。

小説と現実

これまで取りあげた文章はどれも、現実の出来事を対象としていました。最後に『火垂るの墓』を取りあげたのは、小説と現実の関係を考えてみたかったからです。

小説にはかならず作者がいますが、小説を読んでいるあいだは話の筋をおったり内容それ自体に没頭したりしていて、作者のことを失念しているのが普通です。作者がいることも自分が読んでいることも現実であるのに、小説を読んでいるあいだはその現実を忘れてフィクションのなかの現実に夢中になる。これはごく自然なことで、小説の好きな人はこの当たり前のことを百も承知で小説を読んでいるのでしょう。

では、小説のなかで主人公が自殺などで死んだ場合はどうなのか。

その場合には内容や読む人によって受けとめ方が違ってくるはずです。まったくのフィクションなら、それは小説のなかでのことだからと考えるだけで、それ以上は深く追求しないですむこともあるでしょう。しかし、『火垂るの墓』のように、作者自身の体験を反映した小説のなかで、若いころの作者とおぼしき人物や、多分にかつての作者を反映する人物が死ぬ筋書きになると、話はちがってきます。すでに記したように、作者自身は今なお生きているのに、なぜかつての作者を反映する人物は死ぬのか、などの疑問がわいてきても何らおかしくはありません。

ここでは、小説の基本的な性格を考えることから、この疑問を解いてゆくことにします。

(1) 小説の基本的な性格

第一の性格　小説は現実の出来事をあつかいます。あるいは現実にあるはずのことを取りあげます。個々の読者が、自分は体験したことがないけれども、他の人なら体験しているかもしれないと思うことが内容になります。要するに大多数の人が現実と考える範囲内でさまざまの人物が登場し、その言動が描かれます。まったく当たり前のことですが、これが小説の第一の性格です。

カフカの小説、たとえば青年が朝に眼がさめると虫に変身していたという小説や、現実の人間と思うには登場人物の行動が常軌を逸しているドストエフスキーの作品も、例外ではありません。まず現実と認められる事態があって、そこから現実にはあり得ない話が展開されてゆきます。

最近は、こうした現実の制約にとらわれず、自由に空想をはばたかせたいと思う人が多くなっているせいか、はじめから現実にはあり得ないことが物語になる作品も少なくないようです。しかし、ここでの考察は、現実には作者は生きているのに、作中では少年時に死んでしまうのはなぜか、という問いからはじまっています。この疑問が意味をもつためには、右にあげた第一の性格が不可欠になり、ファンタジー小説などはここですべて小説からはずれます。魔女や妖精がでてくるおとぎ話が小説にならないのは、言うまでもありません。

そう確認したうえで、夏目漱石の残した多様な作品に、この第一の性格を当てはめてみましょう。

すると、まず第一に、『吾輩は猫である』が小説からはずれます。猫が人間と同じようにしゃべることはありえないからです。この作は小説の性格を利用した擬似小説ということになります。『坊っちゃん』も小説になりません。現実の世界では誰もが自分の言動に責任をとらなければなりませんが、この作品は現実に舞台を借りた青年のやんちゃ物語です。やんちゃをやらかせば、現実には叱られるのがオチです。『三四郎』になってようやく小説らしくなりますが、主人公の三四郎はまだ学生で、世間のなかで自分に降りかかってくる責任をになう段階までいたっていません。そのような責任などは願い下げにしたいと言いたいところかもしれませんが、仕事でもアルバイトでも友人間でも、責任を放りすてることはできないのが現実です。

その世間との関係で指摘できる漱石の作品の特徴は、『草枕』のように生活感が希薄で実質的にエッセイと呼ぶにふさわしいものから、しだいに主人公が生活能力をそなえた小説になってゆくという点です。この点から遺作となった『明暗』を見ると、脇役で「朝鮮まで落ちて行こう」とする悪友のほうは現実感が豊かであるのに、中心人物の一方である男のほうは腰が定まっていないことがどうしても目立ってきます。おそらく漱石は最期まで自分の時代のなかでの生き方を模索していたのでしょう。

第二の性格　この点から小説の第二の性格が引きだされます。小説には、作者自身が自分の生きる時代のなかで、人間にどのような望ましい生き方が可能なのかを探ろうとする姿勢がある、という点です。

しかし、この姿勢から小説を書いていながら、こまったことに、自分の希望を託した主人公にどのような将来の展望も見いだせなくなったとき、作者としては主人公が窮地においったところで話を終えるか、主人公が死ぬ筋書を作る以外になくなります。作者は、現実のなかで生きる可能性を見いだせない窮境を、フィクション上の死によって一応の体裁をととのえ、本来望ましい生き方を考える時間をかせぐわけです。

小説における主人公の死は一般にはこのように理解することができますが、では『火垂るの墓』における兄の死をこのように理解するだけで足りるでしょうか。

(2) 個別の死

フィクションの上での死を作家の時間かせぎと受けとめる理解の致命的な欠点は、死を自覚的にとらえることができると前提している点です。死にいたる過程についても同じことが言えます。

小説家が小説の構想を練るということは、とても自覚的な活動です。死と死にいたる過程が自覚的な思考の活動から導きだされるかぎり、その筋書は死というものが自覚的にとらえられるという前提のもとに作られていることになります。この点は小説家自身がその前提をどれほど承知しているかとは無関係に成りたちます。無自覚であれば安易な小説になるだけでしょう。

自覚化しがたい死

しかし、死にいたるまでに当人と周囲の人の心をよぎる思考や感情には、はっきり自覚されない部分のほうが大きいはずです。しかも——死にかんしてはとりわけ——わかったはずのことは自覚化しても言葉にならず、言葉になってもまったく平板で、心にいだかれている状態を伝えていないことのほうが普通です。そしてまた、死それ自体は未知であり、医師が管轄する生物体としての死をのぞくなら、死をとらえるという言い回し自体がそもそも意味をなしていないでしょう。

死が未知である点にかんしては、科学と哲学の双方にまたがって思索したベルクソンが、晩年に、自分は死んだことがないから死んでみたいと語っていたこと（つまり死はどれほど考えてもわからなかったこと）も、付言しておいてよいでしょう。

死をとらえるというこの言い回しが意味をもつには、人間の経験できる世界の外に、神などの超越的な存在や価値を設定し、その存在ないし価値から死に意味を与えることが必要になります。しかし――死後の世界を信じる人はともかくとして――死と死にいたる過程が自覚的にとらえられるという前提は、現実世界のなかで死にかんして認められる、以上の事実にも、小説のもつ第一の性格にも矛盾しており、明らかに無理があります。

要するに、小説における主人公の死は――当たり前のことですが――作者によって作られたものなのです。たとえ小説家が自分の生きる時代のなかで人間の生き方を探った作であっても、小説に描かれた死は作者の作り物で、まったくのフィクションの場合、死にいたるまでを自覚的に練った過程がどれほど読者をうなずかせるかが、作者の腕の見せどころということになるでしょう。

逆に、読者としては、その過程からなぜ作者が主人公に何の展望も見いだせなかったのかを考えることになります。

難題となる兄の死

ところが、『火垂るの墓』は、フィクションの性格が薄い。主人公の死にかんして導きだせた一般的な理解をこの小説に適用するのは不適切です。この作が読者に訴える力は、一読して明らかなように、あくまでも著者自身の体験にもとづいています。

　しかし、この点を確認するとまた、体験にもとづく作において、作者はまだ生きているのに、少年だったころの作者とおぼしき登場人物が作中で死ぬのはなぜなのか、つまり作者がかつての自分に相当する兄を小説のなかで死なせたのはなぜなのか、という疑問が頭をもたげてきます。

　なんとも素朴で、まったく野暮ですが、『火垂るの墓』という小説が書かれた過程を現実から考えようとすると、どうしてもこの疑問を避けることができません。

巨視的な視野から考える

　それと同時に、体験にもとづくという点を認めたとたん、今度は、なぜ作者は兄の死にはじまり妹が衰弱して死ぬまでを小説に描くだけにとどめたのか、という別の疑問まで湧いてきます。なぜなら、神戸の空襲からこの小説の発表までの二十年余のあいだには、数多くの疑問——なぜ神戸が空襲されなければならなかったのか、なぜ妹が死ななければならなかったのか、そもそもなぜ日本は戦争をしなければならなかったのか等々——が絶えず作者を悩ませていたと推測されるからです。

　しかも、これら数多くの疑問と取りくまざるをえなかったはずの野坂昭如には、その二十年余のあいだに、反芻する時間も考える時間も、たっぷりあったはずです。当然、ずっと脳裏をはなれなかった疑問をすべて小説という形式で解決することはできないということも、充分にわかったはずです。

たとえば右にあげた疑問を解こうとするなら、大きな視野のなかで、膨大な資料をあさりながら、事態全体を一般的に考察する必要があります。自分たちの身にふりかかったことだけでなく、この戦争だけにかぎっても、他の多くの人をも見舞った同様の事態とその原因を考察しなければなりません。そうした考察のなかで、個人の体験は数的に処理されたり、事例としてあつかわれるのが普通です。

その作業はしかるべき能力のある人が実際にやるとしても、野坂自身、戦争での死者数がおびただしく、自分と同様の体験をした人もはなはだ多いことを考慮したとき、妹の死をことさら小説に取りあげなければならない理由はないと感じる時が、かならずや何度もあったことでしょう。収容中の死がめずらしくなかった当時の少年院から生きて出てこられた野坂昭如にも、雑文を書きはじめた野坂昭如にも、これは当てはまります。自分にとってはかけがえのない妹であり、その死であっても、同様の境遇にある人が多数存在するとき、自分たちを見舞った不幸を特別のものとして描くことはできないのです。

結局、妹の死をもたらした戦争にたいする考察も、多数の死者にはらわなければならない顧慮も、死それ自体についての種々の思索も、妹の死を小説に書くことを促すものを何ひとつ与えない。それでも、もし後のふてぶてしさが当時から自分にあったなら、大人を騙し誑かしてでも食糧を手に入れることができ、妹は死なずにすんだかもしれない、という思いは消えなかったでしょう。当時の状況からして不可抗力だったとどれほど自分をうなずかせようとしても、自分が死なせたも同然であるという慚愧の念は消えようがなかったと推測されます。

野坂自身の内心から眼をはなし、第三者的な立場から冷静に現在の社会一般の在り方を見た場合でも、結果は同じになります。どの生命も等価であるとはよく言われますが、社会をひろく見ても、個人の生活を見ても、実際にはそうなっていない。新聞の社会欄に小さな死亡記事があっても、普通は誰も気にとめない。日本における自殺者が年間三万人と聞いてもやりすごす。しかしそれも無理はありません。誰でも自分の心で受けとめられる死には数に限りがあり、知らない人の死を知っている人の死と同じように受けとめることもまた、不可能だからです。

このように、歴史的・社会的状況から得られる理解と、同様の境遇にあった他の人々への顧慮などが種々あるにもかかわらず、作者野坂は、妹の死を小説に描く。個別の死を描くことに自分を抑える。この事実には、『火垂るの墓』を書いた作者が、自分のいだいた数々の疑問にたいして大局的な視野から事態を解明することをこの作品ではみずから排除した、ということが含意されています。

(3) 小説と個別の死

この含意を素直に受けとめるなら、作者野坂は、そのように抑制しなければならず、排除しなければならなかったから、抑制し排除した、と考えるべきでしょう。

この抑制と排除の根底に、死なれた者にとっては、死のどのような説明も説明にならない、という事実があることは推測にかたくありません。『火垂るの墓』にうかがえる抑制と排除は、作者の自覚的な選択である以上に、このような性格をもつ死にうながされて成ったと見られます。神戸空襲からの長年にわたる反芻と思索と模索をあらわす形式として小説が選ばれた根本の理由も、ここにあるでしょう。死なれた者にとっての死、個別なその死は、具体相を描く以外に術がないのです。

第三の性格　小説は基本的に個別の出来事を描くものです。そして個別の出来事を具体的に描くということが、小説の第三の性格になります。

今日、小説は非常に手軽な表現形式で、安直な手段とすら見なされているかもしれません。それなら、そのように受けとめられもする小説が、『火垂るの墓』において、なぜ作者の抑制と排除にこたえる役割をになえたのでしょうか。

まず指摘できる理由、すぐわかる理由は、すでに述べたように、死なれた者にとっては死のどのような説明も説明にならない、という点にあります。「死なれる」が死者への愛惜を含意するとき、この理由は充分に成りたつでしょう。歴史的・社会的に多数の死のひとつとして相対化することで得られる説明も、統計上の説明も行政上の説明も、どのような文面で記されようと、死なれた者が受けとめる死にはとどかない。この死はその種の言葉で説明されることを一切こばみ通す。妹に死なれた野坂にとっても、同じような体験をもつ他の誰にとっても、最も理由を知りたいはずのこの出来事には、納得できる説明が提示されることはなく、提示しようがないために、説明というものがおよそ成りたたないのです。

当然、死とは何か、と問うこともできません。この問いが心中に浮かぶやいなや、解が一般的なレベルに終始することに気づかされ、問いは擬似的な問題となって消えてゆきます。親や子に死なれた人にとって切実な問題は、死が何なのかではなく、なぜ死んだのだ、という答のない問い、問いとも言えぬ問いです。

答のないこの問いが生まれる状況を念頭においてでしょうか、死の味は死なれてみなければわからない、と語られるときがあります。この言葉は一般に体験につきまとう性格を指摘してもいるのですが、その真意が充分に成りたつためには、やはり問題となる死が特定の人の死で、死なれた人がその特定の人への愛惜をいだいていることが条件となるでしょう。その条件のもとであれば、死の味をかみしめる人にとって、その味に潜在する意味に背くまいとする人にとっては、たしかに死を説明しようとする宗教上の教説も哲学上の学説も、何物でもなくなります。ただ、その場合、死者はいつ消えるとも知れぬ煩悶を死なれた者に生みながら、死なれた者の下にとどまる以外にありません。

『火垂るの墓』の作者をおそった死は、おそらく、このような死だったと思われます。その死には、わかる、納得する、ということがない点にも着目すべきでしょう。そのようなことはそもそもあり得ず、妹を荼毘に付すこと、葬ることは、その死を確認する行為であり儀式ではあっても、納得することではなかったでしょう。

告別は二重の行為

しかも、作者野坂のように、死なれて初めて死者への愛着がどれほど強かったかを自覚する場合、みずからその愛着を断ち切ることは不可能です。心は決することができず、空を切るだけになります。

その場合でも、もちろん、意志は決しようとしてはたらいています。しかし、発動しない。発動できない。そのため、意志がはたらこうとはたらくまいと、根本のところ、結果には変わりがなくなります。意志はここで全面的な無力を告白する他ありません。死者は死なれた者に抱きとられ、なお生の領域に存在をたもち続ける以外にない——どれほど詭弁のように聞こえようとも、これが死なれた者にとっての死者の在り方です。

これは、現実の事態としては、死者がなお死なれた者のなかで生きつづけ、その心に滞留しつづける、という状態を意味します。この滞留は耐えがたい。耐えがたいが、当初は無言のままに耐え忍ぶ以外に方途がない。時間は日常生活と結びついた意識の領域に癒す力をおよぼすにすぎず、胸中に秘められた死者は、追憶に彩られて日々新たによみがえり、時々のさまざまな表情が入れかわり立ちかわり、脳裏にあらわれてくる……。この抱きとられて生きる死者は、死なれた者の心もろともに掬《すく》いとられて初めて、死なれた者からはなれ、死者として自立する他にないのです。しかし、野坂昭如の場合のように、伝統的にその掬いとる営みを託されていたはずの葬送の儀式が、充分にその役割をはたさなかったとき、死者と死なれた者との双方がもとめている行為は、死なれた者によっておこなわれる以外にありません。

野坂昭如の場合、それは言葉を介しておこなわれたわけです。その営みは、個々の出来事がつづられるたびに愛惜がふたたび生きられるプロセスとなったでしょう。やや敷衍するなら、死者の像がなおあざやかに息づいているあいだに、個々の具体相が言葉を与えられて、それも惜しみなく、あますところなく、決定的に言葉を与えられて初めて、死者も死者への愛着も想念も、抱きとった者から自立し、抱きとった者を解放するプロセスだったと言えるでしょう。こうして、言葉を介した二重の行為は告別となり、死者の魂と死なれた者の心を鎮める行為になった――『火垂るの墓』となって結実した文章をしるす営みにふくまれていたプロセスと意味は、このように推測することができます。

小説への着手

ただ、言葉の作用が介在するとはいえ、本当のところ何に掬いとられるかは、書く者に語れることではありません。他方、内容をどのように判じるかは、読む人にゆだねられた事柄です。しかも、その基礎は私事にあります。他人の不幸を見たくない人もいる世間のなかで、身内の者が語るとあれば、妹の死はまず当時おこりえた多数の死のなかのひとつとして描く必要がでてきます。描く者からはどのような理由もつけず、当時の世相のなかでよくあった個別の死として、駅員の投げ捨てたドロップ缶からこぼれ落ちたわずかの骨として妹の死が提示されたのは、そのためでしょう。そのように妹の死を提示すると、酷薄な世間への批判のように受けとられる可能性が大きくなりますが、この提示は何よりもまず他の人々にはらうべき配慮だったと受けとめるべきでしょう。

次に、作者野坂にとって、妹をみずから死なせたも同然の兄は、生きていてはならない存在だったでしょう。妹の死後もそのまま生きるのをみとめることはできず、許すこともできなかったでしょう。兄のほうもまた、当時よく見かけられた身よりのない浮浪児として、死ななければならなかったのです。衰弱のあげく、すわっていた時のままの姿勢で、くの字なりに横倒しになったとも気づかず、コンクリートの床を眼のまえに、自分の呼吸で床のかすかなほこりが動くのを見つめながら死ぬ者として。その死はあくまでも即物的で、乾いたものでなければならなかった、戦後のどさくさのなかで世間から捨てられた者の死でなければならなかったと見られます。

しかもその死は物語が実質的にはじまる前に提示する必要があったでしょう。兄が死ぬ筋書は、慚愧の念が根底にあるとはいえ、私的な意図に発している以上、作者にとってそれは物語が展開するうちに読者に忘れられるほうがよかったと思われます。そのためには冒頭に短く記すだけにするほうがよい、できるなら物語はその意味が読者に気づかれないうちにはじまるのがよい、それで同時に語る者は舞台から退くことができる――このようにも考えられていたでしょう。小説は私事をつづる場ではないからです。

(4) 文学者――あるべからざる者としてある者

以上が作者野坂昭如が『火垂るの墓』の執筆に取りかかるまでに経た内面のプロセスにかんする想像ですが、妹を荼毘に付してからの野坂昭如が何者として生きてきたのかという疑問は、なお残っています。しかしその答はもうはっきりしています。

作者としての野坂昭如は、かつての自分である兄を死なせることによって、以後の自分を生きてはならない者、あってはならない者、あるべからざる者としたのです。作者は中学三年生以降の自分のベクトルが伸びることを認めない。それでも生きるかぎり体験は蓄積される。しかもそれは好ましいものだけではない。と言うより、その境遇のために、逆のことのほうが多かったでしょう。

しかし、どのような逆境にあろうと、誰でも、世間のなかでは何者かとしてあらざるを得ない。そうであれば、「昭和二十年九月二十一日」以後の野坂昭如は、あるべからざる者としてある者になったのです。

文学はそのような者から生まれます。体験として蓄積されたものが鎮められて形あるものになる内心のプロセスを踏まなければ、言葉にならないものが人の心にはあります。それなら、蓄積された体験は鎮まる形を得るたびに、描かれてよい。ただ、体験が形を得るまでのこのプロセス、ある者があるべからざる者となり、言葉を紡ぎだすまでの内的なプロセスは、作品が提示されて初めて、存在が知られる可能性をもつにすぎない。文学者とはみずからこのプロセスを踏み、現実の具体相を描いた結果をとおして人と交わる者なのです。

終わりに

本書の意図再述

本書の最終講「あるべからざる者として」を最後まで読まれた読者のなかには、終わり方が唐突に感じた方がおられるかもしれません。作者が「文学者」であるのはよいとして、では読者はどうなのだ、と感じた方もあるでしょう。ここでは、そのような印象を残したかもしれない原因を取りあげることから、本書の意図をあらためて述べることにします。

まず、この小説の実質的な内容をなす兄妹の物語にまったく触れなかった点からはじめましょう。その理由は、端的には、触れることがはばかられるからです。取りあげた文章をささえる体験の幅に内在する物事の連関を検討することが課題であるとはいっても、その内容には検討者が踏みこんではならない域があります。作者がこの作に託したふたりの物語の実質や、個々の読者がこの作から自分の心に刻んだものにまで踏みこんで、評論めいた文章を書くことは、やはり慎むべきことであると思えるのです。

唐突な印象が章の終わり方からやってきているとするなら、それは検討対象を作者に限定し、最後が文学者の定義めいた言葉で終わっていることからきているのかもしれません。

実は、その最後の文、具体的には「文学者とはみずからこのプロセスを踏み、現実の具体相を描いた結果をとおして人と交わる者なのです」という文には、三つの力点があります。

力点① ひとつは「文学者」ですが、もう少し限定すると、「その文学者が実際には個別の存在であること」になります。このように言い表す背後には、みずから個別の存在として歩んだ足跡を、固有の響きをともなった文章とともに伝える者は、すべて文学者と呼ばれてよい、という判断があります。その文章が実際には不特定多数の人に読まれることを前提に書かれるとき、「文学者」とは「それぞれに、それぞれの歩みをとおして、人の歩む姿を示した者であり、その姿に何を読みとるかを読者にゆだねた者」となってきます。

力点② この「ゆだねる」という点が、もうひとつの力点である「人と交わること」にかかわってきます。人と交わるために、孤立した内的プロセスを経なければならない人や場合があります。そのプロセスをとおして人に伝わるところまで言葉を練って初めて、伝えたいことが伝わり、人と交わることができる。人と交わることは、生活や仕事のなかで、より広くは一般社会のなかで、さまざまな人と接することに尽きているわけではないのです。

この交わりを「現実」との相関で考えてみましょう。すると、孤立した内的プロセスが伝える者の現実に属するなら、作者がいることも自分が小説を読んでいることも失念して、フィクションのなかの現実に夢中になっている読者の状態もまた、現実であることに気づかれるでしょう。読者もまた、読書の最中は、あるべからざる者としてある者の道を歩んでおり、それと気づかぬうちに作者や作中の人物と交わっている。その交わりもまた、まぎれもない現実です。読者もまた、読書という営みをつうじて、自分の現実を二重にしています。

本書の二モティーフ

要するに、作者の場合だけでなく、読者の場合でも、自分の現実と言えるものは、二重になっているのです。それなら、補講6で取りあげた「芸術という別世界」という言い回しは、二重となったこの現実を表現する言い回しのひとつであることに気づかれるでしょう。しかも、読書という営みをつうじて読者が作者の立つ場に近づくにつれ、それをことさら「別世界」と言い表す必要がなくなる可能性も生じてきます。

この可能性をひとりの人間の在り方のなかで確認しようとした場合、それは内のベクトルが伸長するにつれて開かれる可能性であると言い表すこともできるでしょう。経験をとおしてものがわかってゆくプロセスが本書の一方のモティーフであるなら、このように二重の現実をとおして人と交わるプロセスが、他方のモティーフを成していたのです。

このモティーフを本書の構成との関連で見てみましょう。本書では各講ごとに内容上の大枠が設定してあります。第一講は「経験の重要性」、第二〜三講は「考える対象を他の人にとった場合」、第四講は「考える対象を自分にとった場合」、第五～六講は「人の違いを生みだす軌跡の核にあるもの」を、「生活」と対立的関係になる可能性をもつ活動を素材として考えた場合、です。第六講では、その「軌跡の核にあるもの」を「誰の心にもある手つかずの部分」として捉えなおし、それを社会一般のなかに据え、ベクトルの先端にあるものがどのように現実世界にひらかれるかを見たわけです。

したがって、本書は第六講にいたって考察がいったん終了しています。それでも

力点③　本書を書きつづけた理由は、すでに補講6に述べたとおりです。本書では考える基本を「具体から」と定めてあるので、『ことばが劈かれるとき』の著者竹内の個別の歩みを超えて単なる可能性を指摘することは控えなければならず、そのため考える基盤となる「具体」が不足して、「芸術という別世界」という言い回しが本当に成りたつのかを解明できずに終わっていたのでした。ここでは、さらに書きつづけた理由を、「力点③」となる「具体相の描写」との関係で、もう少し補足しましょう。

個別の存在として歩んだ足跡には、かならず「具体相」がともないます。補講6ですでに述べた「体験」にそなわる性質をここで思いだしてください。体験には、体験した者でなければわからないことが含まれていました。個別の体験には、その外側から、既存の一般的な知識や理解を利用して考える枠をせばめていっても、せばめきれない域があります。その域を言葉にするには、どうしても、その個別の様相を描くほかに方法がありません。

一般的には、その個別の様相のなかに、体験した個人でなければ得られなかったものが潜在していると言えるでしょう。その様相は描写する以外には自他に伝えようがないのです。「具体相の描写」が大きな意味をもつのは、そのためです。

そのような具体相をもつ体験や、具体相を描写した人が言葉に託したものが、第六講の引用文から引きだせる事柄や意味より、大きくなる場合はめずらしくありません。竹内敏晴の足跡は具体相が大きい場合です。第七講以降は具体相と、引用文から引きだせる事柄や意味の、双方が大きい場合です。そして、どの引用文でも、「書く」という行為、それも特に、対象の「具体相を描写する」行為が、大きな意味をになっています。第七講の引用文なら、たとえば榎本になりかわって内心を描写する行為がそれに当たります。それなら、「書く」「描写する」という行為も、個別の存在にそなわる「具体相」として検討する必要がでてきます。書かれる対象も個別、書く・描写するという行為も個別で、それぞれに個別の具体相がそなわっていたのです。

この「終わりに」で、第六講と補講6では不完全にしか語れなかった「芸術という別世界」のことを、誰にでもひらかれる可能性のある現実として語れるようになったのは、そのあとの三講にわたって、その具体相を実際に検討したからです。

第六講の引用文の文脈のなかで得ていた「芸術という別世界」という表現は、別の脈絡のなかに置かれ、別の意味を得ています。そのときに得られた意味、つまり「内のベクトルが伸長するにつれて開かれる可能性」のほうが――舞台と文学の違いはありますが――著者竹内が「その発展として」にこめた意味に近いと思われます。エッセイや小説が「別世界」となるのは、読者が書き手の立つ場にまで歩まなかったときのことで、第八講から第九講へと読みすすんだ読者は、芸術もまた現実の一部であることを、身をもって体験していたことでしょう。

その読者が、第九講を最後まで読み終えてから、あらためて『火垂るの墓』を手にとるなら、「あとがき」(ポプラ社版)に、「この本を読んで、戦争を考えてください」という文言や、日本のあやうい食糧事情を訴える文章を眼にされるでしょう。二重の存在である読者は、フィクションのなかの現実から、足元の現実へ引きもどされるのです。

生身の身体の存在する現実に引きもどされたからといって、いまさら自分の二重性を捨てられるわけではありません。それでも、自分の生活はどうなるのだろう、政治や産業や金融の世界における、いわく「喫緊の」問題はどうなるのだろう、その問題にたいして自分は何をすればよいのだろう、何ができるのだろう……、人によって浮かぶ疑問は異なりますが、このようなことをどうしても考えざるを得ません。それがおそらくは大多数の人が現在おかれている状況ではないかと思われます。

どちらの現実も捨てられない。どちらも自分のベクトルにあらわれる現実ですから、捨てようがない。では捨てないでこの状況のなかで何をどうするか――。

このようなときこそ、通念にとらわれず、自分をふくめた現実の具体相をひとつひとつ精査して、考える力を発揮するときで、その発揮こそは各人にゆだねられていることなのです。

あとがき

今の若い者にはマニュアル人間が多い、という声がよく聞かれます。老年の人たちからです。逆に若い人からは、実際に仕事をはじめると、まるでロボット同然になります、という声が聞かれます。自分は流されていると感じる、という声も聞かれます。

どの発言も、現在の企業社会のなかで仕事に対応しようとしていると、否応なく生じてくる人間の姿や状態を伝えているのでしょう。これではいけない、という含意があることも、そのすべてに共通します。本書は、マニュアル人間でもロボットでもなく、ものを考えられる人間になりたいと望む生徒や学生や社会人とおこなっているゼミでの作業を、書き下ろしで一冊の本にまとめたものです。

実際には、書きはじめてから一年半経ったところで五百頁を超えそうになったので、その半分をまとめることになり、それから半年以上のあいだ、編集の町田さおりさんと毎週のように文面を検討しなおしてできあがったものです。結果的に、章の構成も内容も文章も、当初とはずいぶん違ったものになっています。その意味では、本書は、原稿にコメントをよせてくれた学生諸君との合作であるだけでなく、町田さんとの合作にもなります。

執筆の基本方針はゼミのそれと変わりがなく、「文章に書かれていることは氷山の一角でしかなく、文章を解きほぐしながら、現実の事態が織りなす連関をとらえ、その過程で自分の理解を広げること」です。あるいは「生活体験と勉強の成果を、ひとりの人間として感じ考える自分に組みこむこと」です。

このように手短にまとめると何ということもないようですが、実際にやってみると、これがなかなかむつかしい。はっとすること、自分の心がひらかれるように気づくことがなければ、何もはじまらないとわかるまでに、けっこう時間がかかります。しかし、一旦この点が踏みこえられると、めざましい進歩が見られることは、すでに「はじめに」で述べたとおりです。

そのゼミ参加者の大学での専攻は、法学、経済学、哲学、文学、人工知能、情報工学など、さまざまです。大学中退組もいれば、大学へ行っていない人もいます。専攻の違いやその有無にかかわらずこのゼミが成立するのは、各自が生身の人間にもどって考えるからです。専門家は自分の専門分野の外に、自分の知らない膨大な領域をかかえるので、専門家の時代といわれる現在は素人の時代でもあり、素人としての自分から専門家としての自分をつくることが求められます。

この要求との関連で見るなら、個々の参加者は、言葉で表すべきものがひとりの人間としての自分のなかに生まれることからはじまり、伝えたいことが伝わる文面が整うまでの過程を歩むことに腐心している、と言い表すこともできます。私自身その例外ではありません。おそらく、誰もがたがいに伝わりようのないことを抱えながら、伝えようとしているのでしょう。

伝わる文面が整うまでの過程にマニュアルはありません。文章を書くときの形式や言い回しは種々あり、それを学ぶことはそれなりに役立ちますが、取りくむ課題は常に個別のものです。その個別の事態を理解しなければ、できあいの語彙や言い回しは有効に使えません。「わかったつもり」になると、的はずれなことを書いてしまいます。それを避けようとするなら、対象となった事態を理解するときに、まず自分が対象に「理解の枠組」を適用していることに気づく必要がありますが、気づくのは当人です。その枠組が適切かどうかを検討するのも当人です。そのようにして文章を理解しようとしているとき、自分のもっている現実理解が全体として俎上にのせられているとわかるのも当人です。このように当人の自覚にまつところが大きいので、文章を書くということには、本当のところマニュアルはないと言えるでしょう。

本書はその「理解の枠組」からはじまり、文章を書くという行為と自覚がどのように結びついているかまでを取りあげたもので、内容は文章を理解しようとするなら誰でも考えて当然のことばかりです。

気がかりなことは、その考えて当然のことをできるようになる場や機会が、なかなか得られないように見えることです。物事のイロハはやはり人から学ぶほうがよく、それは教室で学ぶのが何と言っても効率的ですが、その場や機会にめぐまれない人々や、考えて当然のことを実際に生徒・学生が考えることができるよう努めている人々にとって、本書が参考になればと思っています。

本書は「ちくま学芸文庫」のための書き下ろしです。

風土の日本
オギュスタン・ベルク
篠田勝英訳
自然を神の高みに置く一方、無謀な自然破壊をする日本人の風土とは何か？　フランス日本学の第一人者による画期的な文化・自然論。（坂部恵）

ベンヤミン・コレクション1
ヴァルター・ベンヤミン
浅井健二郎編訳
久保哲司訳
ゲーテ『親和力』論、アレゴリー論からボードレール論を経て複製芸術論まで、ベンヤミンにおける近代の意味を問い直す、新訳のアンソロジー。

ベンヤミン・コレクション2
ヴァルター・ベンヤミン
浅井健二郎編訳
三宅晶子ほか訳
中断と飛躍を恐れぬ思考のリズム、巧みに布置された理念やイメージ。手仕事的細部に感応するエッセイの思想の新編・新訳アンソロジー、第二集。

ベンヤミン・コレクション3
ヴァルター・ベンヤミン
浅井健二郎編訳
久保哲司訳
過去／現在を思いだすこと――独自の歴史意識に貫かれた《想起》実践の各篇「一方通行路」「ドイツの人びと」「ベルリンの幼年時代」などを収録。

ベンヤミン・コレクション4
ヴァルター・ベンヤミン
浅井健二郎編訳
土合文夫ほか訳
〈批評の瞬間〉における直観の内容をきわめて構成的に叙述したベンヤミンの諸論考――初期の哲学的思索から同時代批評まで――を新訳で集成。

ベンヤミン・コレクション5
ヴァルター・ベンヤミン
浅井健二郎編訳
土合文夫ほか訳
文学、絵画、宗教、映画――主著と響き合い、新たな光を投げかけるベンヤミン〈思考〉の断片を立体的に集成。新編・新訳アンソロジー、待望の第五弾。

ベンヤミン・コレクション6
ヴァルター・ベンヤミン
浅井健二郎編訳
久保哲司ほか訳
ソネット、未完の幻想小説風短編など、ベンヤミンの知られざる創作世界を収録。『パサージュ論』成立の背後を明かすメモ群が注目の待望の第六弾。

ベンヤミン・コレクション7
ヴァルター・ベンヤミン
浅井健二郎編訳
文人たちとの対話を記録した日記、若き日の履歴書、死を覚悟して友人たちに送った手紙――20世紀を代表する評論家の個人史から激動の時代精神を読む。

ドイツ悲劇の根源（上）
ヴァルター・ベンヤミン
浅井健二郎訳
〈根源〉へのまなざしが、〈ドイツ・バロック悲劇〉という天窓を通して見る、存在と歴史の〈星座〉（状況布置）。ベンヤミンの主著の新訳決定版。

ドイツ悲劇の根源（下）　ヴァルター・ベンヤミン　浅井健二郎訳

上巻「認識批判的序章」「バロック悲劇とギリシア悲劇」に続けて、下巻は「アレゴリーとバロック悲劇」に、関連の参考論文を付して、新編でおくる。

パリ論／ボードレール論集成　ヴァルター・ベンヤミン　浅井健二郎編訳　久保哲司／土合文夫訳

『パサージュ論』を構想する中で書きとめられた膨大な覚書を中心に、パリをめぐる考察を一冊に凝縮。ベンヤミンの思考の核を明かす貴重な論考集。

意識に直接与えられたものについての試論　アンリ・ベルクソン　合田正人／平井靖史訳

強度が孕む〈質的差異〉、自我の内なる〈多様性〉からこそ、自由な行為は発露する。後に『時間と自由』の名で知られるベルクソンの第一主著。新訳。

物質と記憶　アンリ・ベルクソン　合田正人／松本力訳

観念論と実在論の狭間でイマージュへと焦点があてられる。心脳問題への関心の中で、今日さらに重要性が高まる、フランス現象学の先駆的著書。

創造的進化　アンリ・ベルクソン　合田正人／松井久訳

生命そして宇宙は「エラン・ヴィタル」を起爆力に、自由な変形を重ねて進化してきた——。生命概念を刷新したベルクソン思想の集大成的主著。

道徳と宗教の二つの源泉　アンリ・ベルクソン　合田正人／小野浩太郎訳

閉じた道徳／開かれた道徳、静的宗教／動的宗教への洞察から、個人のエネルギーが人類全体の倫理的行為へ向かう可能性を問う。最後の哲学的主著新訳。

笑い　アンリ・ベルクソン　合田正人／平賀裕貴訳

「おかしみ」の根底には何があるのか。主要四著作に続き、多くの読者に読みつがれてきた本著作の最新訳。主要著作との関連も俯瞰した充実の解説付。

精神現象学（上）　G・W・F・ヘーゲル　熊野純彦訳

人間精神が、感覚的経験という低次の段階から「絶対知」へと至るまでの壮大な遍歴を描いた不朽の名著。平明かつ流麗な文体による決定版新訳。

精神現象学（下）　G・W・F・ヘーゲル　熊野純彦訳

人類知の全貌を綴った哲学史上の一大傑作。四つの原典との頁対応を付し、著名な格言を採録した索引を巻末に収録。従来の解釈の遥か先へ読者を導く。

象徴交換と死　J・ボードリヤール　今村仁司／塚原史訳
すべてがシミュレーションと化した高度資本主義像を鮮やかに提示し、〈死の象徴交換〉による、その内部からの〈反乱〉を説く、ポストモダンの代表作。

永遠の歴史　J・L・ボルヘス　土岐恒二訳
巨人ボルヘスの時間論を中心とした哲学的エッセイ集。宇宙を支配する円環的時間を古今の厖大な書物に分け入って論じ、その思想の根源を示す。

経済の文明史　カール・ポランニー　玉野井芳郎ほか訳
市場経済社会は人類史上極めて特殊な制度的所産である——非市場社会の考察を通じて経済人類学に大転換をもたらした古典的名著。（佐藤光）

暗黙知の次元　マイケル・ポランニー　高橋勇夫訳
非言語的で包括的なもうひとつの知。創造的な科学活動にとって重要な〈暗黙知〉の構造を明らかにしつつ、人間と科学の本質に迫る。新訳。

現代という時代の気質　エリック・ホッファー　柄谷行人訳
群れず、熱狂に翻弄されることなく、しかし自分自身の内にこもることなしに、人々と歩み、権力と向きあっていく姿勢を、省察の人・ホッファーに学ぶ。

知恵の樹　H・マトゥラーナ／F・バレーラ　管啓次郎訳
生命を制御対象ではなく自律主体とし、自己創出を良き環と捉え直した新しい生物学。現代思想に影響を与えたオートポイエーシス理論の入門書。

社会学的想像力　C・ライト・ミルズ　伊奈正人／中村好孝訳
なぜ社会学を学ぶのか。抽象的な理論や微細な調査に明け暮れる現状を批判し、個人と社会を架橋する学という原点から問い直す重要古典、待望の新訳。

パワー・エリート　C・ライト・ミルズ　鵜飼信成／綿貫譲治訳
エリート層に権力が集中し、相互連結しつつ大衆社会を支配する構図を詳細に分析。世界中で読まれる階級論・格差論の古典的必読書。（伊奈正人）

メルロ=ポンティ・コレクション　モーリス・メルロ=ポンティ　中山元編訳
意識の本性を探究し、生活世界の現象学的記述を実存主義的に企てたメルロ＝ポンティ。その思想の枠を厳選して編んだ入門のためのアンソロジー。

知覚の哲学
モーリス・メルロ=ポンティ
菅野盾樹訳
時代の動きと同時に、哲学自体も大きく転身した。それまでの存在論の転回を促したメルロ=ポンティ哲学と現代哲学の核心を自ら語る。

精選 シーニュ
モーリス・メルロ=ポンティ
廣瀬浩司編訳
メルロ=ポンティの代表的論集『シーニュ』より重要論考のみを厳選し、新訳。精確かつ平明な訳文と懇切な注釈により、その真価が明らかとなる。

われわれの戦争責任について
カール・ヤスパース
橋本文夫訳
時の政権に抗いながらも「侵略国の国民」となってしまった人間は、いったいにどう戦争の罪と向き合えばよいのか。戦争責任論不朽の名著。（加藤典洋）

フィヒテ入門講義
ヴィルヘルム・G・ヤコプス
鈴木崇夫ほか訳
フィヒテは何を目指していたのか。その現代性とは——。フィヒテ哲学の全領域を包括的に扱い、核心部分を明快に解説した画期的講義。本邦初訳。

哲学入門
バートランド・ラッセル
髙村夏輝訳
誰にも疑えない確かな知識など、この世にあるのだろうか。近代哲学が問い続けてきた諸問題を、これ以上なく明確に説く哲学入門書の最高傑作。

論理的原子論の哲学
バートランド・ラッセル
髙村夏輝訳
世界は原子的事実で構成され論理的分析で解明しうる——急速な科学進歩の中で展開する分析哲学。現代哲学史上あまりに名高い講演録、本邦初訳。

現代哲学
バートランド・ラッセル
髙村夏輝訳
世界の究極的あり方とは？　そこで人間はどう描けるのか？　現代哲学の始祖が、哲学と最新科学の知見を総動員。統一的な世界像を提示する。本邦初訳。

存在の大いなる連鎖
アーサー・O・ラヴジョイ
内藤健二訳
西洋人が無意識裡に抱き続けてきた「存在の大いなる連鎖」という観念。その痕跡をあらゆる学問分野に探り「観念史」研究を確立した名著。（高山宏）

自発的隷従論
エティエンヌ・ド・ラ・ボエシ
山上浩嗣訳
西谷修監修
圧制は、支配される側の自発的な隷従によって永続する——支配・被支配構造の本質を喝破した古典的名著。20世紀の代表的な関連論考を併録。（西谷修）

ちくま学芸文庫

深《ふか》く「読《よ》む」技術《ぎじゅつ》　思考《しこう》を鍛《きた》える文章教室《ぶんしょうきょうしつ》

二〇一〇年四月十日　第一刷発行
二〇二一年六月二十日　第三刷発行

著　者　今野雅方（こんの・まさかた）
発行者　喜入冬子
発行所　株式会社　筑摩書房
東京都台東区蔵前二―五―三　〒一一一―八七五五
電話番号　〇三―五六八七―二六〇一（代表）
装幀者　安野光雅
印刷所　明和印刷株式会社
製本所　株式会社積信堂

ISBN978-4-480-09291-5 C0195